Chantal Liebscher

Wie Blockchain die Ausführung von Geschäftsprozessen unterstützen kann

Bibliografische Information der Deutschen Nationalbibliothek:
Die Deutsche Nationalbibliothek verzeichnet diese Publikation in der Deutschen Nationalbibliografie; detaillierte bibliografische Daten sind im Internet über http://dnb.d-nb.de abrufbar.

Impressum:

Copyright © Science Factory 2020

Ein Imprint der GRIN Publishing GmbH, München

Druck und Bindung: Books on Demand GmbH, Norderstedt, Germany

Covergestaltung: GRIN Publishing GmbH

Abstract

Seitdem die Blockchain Technologie im Jahre 2008 zum ersten Mal erwähnt wurde, erfährt die Idee immer mehr an Beachtung. Die Motivation für dieses Interesse liegt an der Erwartung, Transaktionen aller Art auf dezentrale Weise ausführen zu können, ohne dass ein vertrauenswürdiger Dritter erforderlich ist. In dieser Arbeit wird eine systematische Literaturrecherche über die Blockchain-Technologie durchgeführt, insbesondere im Gebiet des Geschäftsprozessmanagements. Das Ziel dieser Arbeit ist es, den aktuellen Stand der Blockchain-Technologie in der Literatur zu ermitteln und gleichzeitig die Hauptforschungsbereiche, Herausforderungen und zukünftige Entwicklungen zu identifizieren, für die die Blockchain eine wertvolle Lösung bietet.

Inhaltsverzeichnis

Abstract III

Abbildungsverzeichnis VI

Tabellenverzeichnis VII

Abkürzungsverzeichnis VIII

1 Einleitung 1
    1.1 Motivation und Problemstellung 1
    1.2 Forschungsfrage und Forschungsmethodik 3
    1.3 Aufbau der Arbeit 6
    1.4 Related Work 6

2 Theoretischer Hintergrund 9
    2.1 Geschäftsprozessmanagement 9
    2.2 Blockchain-Technologie 16

3 Methodik 22
    3.1 Rahmen und Umfang der Recherche definieren 22
    3.2 Konzeptualisierung des Themas 25
    3.3 Literatursuche 27
    3.4 Literaturanalyse und -synthese 35
    3.5 Forschungsagenda 37

4 Analyse 38
    4.1 Quantitative Analyse 38
    4.2 Qualitative Analyse 40

5 Fazit 52

Literaturverzeichnis 55

Anlagen 64

Abbildungsverzeichnis

Abbildung 1-1: Methodik der Literaturrecherche 4

Abbildung 2-1: Betriebswirtschaftlicher Prozess 10

Abbildung 2-2: Prinzip der Blockchain Technologie 17

Abbildung 2-3: Fragestellungen vor dem Einsatz einer Blockchain 20

Abbildung 2-4: Chancen und Risiken durch Smart Contracts 21

Abbildung 3-1: Concept Map zum Thema Blockchain und Geschäftsprozessmanagement 26

Abbildung 3-2: Prozess der Literatursuche 28

Abbildung 3-3: Grafische Darstellung der zusammenhängenden Begriffe 32

Abbildung 4-1: Rangliste der 20 ausgewählten Keywords 39

Abbildung 4-2: Wortgruppe aus Prozesskonzepten 39

Abbildung 4-3: Wortgruppe aus Strukturkonzepten 39

Tabellenverzeichnis

Tabelle 3-1: Taxonomie einer Literatur-Review nach Cooper (1988) 24
Tabelle 3-2: Suchalgorithmen und Endergebnissumme 33
Tabelle 3-3: Konzeptmatrix 36

Abkürzungsverzeichnis

API	Application-Programming-Interface
BPEL	Business Process Execution Language
BPM	Business Process Management
BPMJ	Business Process Management Journal
BPMS	Business Process Management System
BPMN	Business Process Model und Notation
DLT	Distributed Ledger Technologie
ERPs	Enterprise Resource Planning System
EAI	Enterprise-Application-Integration
EPK	Ereignisgesteuerte Prozesskette
eEPK	erweiterte Ereignisgesteuerte Prozesskette
ECIS	European Conference on Information System
GPM	Geschäftsprozessmanagement
BIS	International Conference on Business Process Management
ICIS	International Conference on Information System
IoT	Internet of Things
IOBP	Interorganizational Business Process
MDE	Model-driven Engineering
P2P	Peer-to-Peer
PMLC	Prozessmanagement-Lebenszyklus
SEM	Security Event Management
SIM	Security Information Management
WFMS	Workflow-Management-System

1 Einleitung

1.1 Motivation und Problemstellung

Geschäftsprozessmanagement (GPM) wird auch als Prozessmanagement oder Business Process Management bezeichnet (BPM). Als Mittel zur prozessorientierten Unternehmensgestaltung bezeichnet GPM Methoden und software-gestützte Techniken, welche sich mit dem Dokumentieren, Gestalten und Verbessern von Geschäftsprozessen und deren IT-technischer Unterstützung befassen. Für die Dokumentation und Gestaltung wird auf Modellierungssprachen, wie zum Beispiel die Ereignisgesteuerte Prozesskette (EPK) oder dem Business Process Model and Notation (BPMN) zurückgegriffen. Als Grundlage für die Prozessverbesserung oder für die technische Umsetzung in IT-Systeme können die dokumentierten Prozesse verwendet werden. Eine möglichst weitreichende Automatisierung einzelner Geschäftsprozesse, der reibungslose Ablauf und die kontinuierliche Optimierung sind Ziele des technischen GPMs. Diese Ziele können etwa durch Workflowmanagement-Technologien oder Business Process Management Systeme (BPMS) realisiert werden. Viele Unternehmen stehen vor der Herausforderung, neue Geschäftsprozesse in die bestehenden Strukturen zu integrieren, so dass sie in der Lage sind, ihre Organisation ständig aktuellen Veränderungen flexibel anzupassen(Becker, Mathas, & Winkelmann, 2009, S. 3f).

Zusätzlich entsteht ein mangelndes Vertrauen unter den Beteiligten aufgrund der organisationsübergreifenden Datenaustauschverfahren, da deren Computersysteme häufig komplex oder inkompatibel sind. Bei neuen Technologien und Methoden, die zur Anwendung kommen, muss sichergestellt sein, dass ein Partner den Zugriff auf die festgelegten Daten innerhalb des Managements der anderen Beteiligten erhält und dass die abgesprochenen Prozessschritte befolgt werden. Ein Lösungsweg ist hier das Einsetzten einer Blockchain-Technologie. Probleme wie die umständliche und eingeschränkte Unterstützung der Geschäftsprozesse durch die jeweiligen Computersysteme und deren Umfeld können durch das kontinuierliche Integrieren von Daten gelöst werden. Dadurch wird auch ein gegenseitiges Vertrauen zwischen den Partnern hergestellt, indem ein Smart Contract - Prozessausführungsframework in einer Blockchain eingesetzt wird (Mendling et al., 2017).

Das Thema Blockchain-Technologie wird derzeit viel diskutiert und ist hauptsächlich durch die Erfindung des Bitcoin-Zahlungssystem bekannt geworden.

Die Voraussetzungen dafür schuf der unter einem Pseudonym auftretenden Satoshi Nakamoto, der im November 2008 das Dokument "Bitcoin: A Peer-to-Peer Electronic Cash System" und im Januar 2009 eine Open-Source-Referenzsoftware veröffentlichte (Nakamoto, 2008). Die Grundlagen der Blockchain-Technologie wurden allerdings schon vor mehr als 30 Jahren gelegt. Ralph Merkle, ein Wissenschaftler, der zu den Pionieren asymmetrischer Kryptosystemen gehört, hat bereits 1979 den Hash-Baum erfunden (Merkle, 1979). Das Versehen von Dokumenten mit einem Zeitstempel und das Verketten dieser Zeitstempel wurde im Jahr 1991 von Haber und Stornetta veröffentlicht (Haber & Stornetta, 1991). Auch das Konzept „Smart Contracts" wurde zum ersten Mal 1996 durch Nick Szabo publiziert. Er wollte darstellen, wie sich die E-Commerce weiterentwickeln kann und wie Vertragsprozesse im Internet unterstützt werden können (Szabo, 1996).

Das Blockchain-Verfahren setzt ein Modell um, bei dem die Daten nicht in einem Hauptspeicher zusammengeführt, sondern in dem die einzelnen Datenblöcke durch einen ganzheitlichen Schlüssel zu einem Gesamtsystem vernetzt werden. Dabei bilden die Schlüssel die Reihenfolge der Blöcke zwischen den jeweiligen Netzwerkakteuren ab. Das Ergebnis ist eine Kette, die den Datenfluss der Transaktionen dokumentiert. Dadurch kann sichergestellt werden, dass die Daten nicht entschlüsselt werden können, weil mit jeder Buchung der Schlüssel fortlaufend erweitert wird. Auf diese Weise lässt sich auch ein Entschlüsselungsversuch nachweisen. Dies erhöht das gegenseitige Vertrauen der Netzteilnehmer untereinander. Diese Methodik kann auch auf einem Zentralrechner (CPU) angewendet werden. Dieser Technologie wird ein hohes Potential zugesprochen, die bestehenden Technologien vollständig zu verdrängen: etwa im Finanzsektor als auch für weitere Branchen wie Energie, Logistik und Recht sowie bei dem Einsatz der künstlichen Intelligenz (Burgwinkel, 2016, S. 3-6).

Verschiedene Aspekte machen die Blockchain-Technologie für das GPM interessant. In dieser Arbeit wird speziell auf die Realisation von organisationsübergreifenden Prozessen mithilfe einer Blockchain eingegangen. Es soll gezeigt werden, wie andere Autoren sich innerhalb dieses Forschungsgebietes mit dieser Aufgabe auseinandersetzen. Eine State of the Art Analyse fasst den Stand der Forschung in einem Fachgebiet durch die vorhandene Literatur zusammen. Aus diesem Überblick auf die in den letzten Jahren sowie neueren Arbeiten lassen sich Bereiche identifizieren, in denen zukünftige Forschung von Nutzen wäre. Gewöhnlich führt die Literaturübersicht abschließend zu Forschungsvorschlägen und -methoden. Rowley betont daher, dass die Literaturrecherche zielstrebig und den lehrbuchartigen Ansatz vermeiden sollte. Eine Literaturrecherche ist für mehrere Zwecke von Vorteil, wie z. B. bei der Identifizierung einer Forschungsfrage oder der Literatur, zu der die Forschung einen Beitrag leisten kann. Zusätzlich kann die Erstellung einer Liste der hinzugezogenen Quellen wie auch die Analyse und Bewertung der Ergebnisse erleichtert werden (Rowley & Slack, 2004, S. 32).

1.2 Forschungsfrage und Forschungsmethodik

Ziel dieser Arbeit ist es, einen Überblick über das Thema „Blockchain Technologien im Bereich Geschäftsprozessmanagement" zu geben, in erster Linie über die Ausführung von Prozessen. Dabei liegt der Fokus darauf, die aktuelle Forschungslage umfassend darzustellen. Die Erreichung der Zielsetzung folgt aus der Forschungsfrage dieser Arbeit:

Wie ist der gegenwärtige Entwicklungsstand im Themengebiet Geschäftsprozessmanagement und Blockchain, und welche Forschungsfelder und -lücken lassen sich hier feststellen?

Um die Forschungsfrage zu beantworten, bedient sich die Untersuchung der Methode einer systematischen Literaturrecherche gemäß den von vom Brocke et al. (2009) vorgeschlagenen Richtlinien. Der Prozess dieser systematischen Überprüfung besteht aus fünf Schritten: Rahmen und Umfang der Recherche definieren, Konzeptualisierung des Themas, Literatursuche, Literaturanalyse und -synthese und Erstellung einer Forschungsagenda (vom Brocke et al., 2009, S. 2212). Abbildung 1-1 zeigt die Schritte bei der Anwendung dieser Methodik.

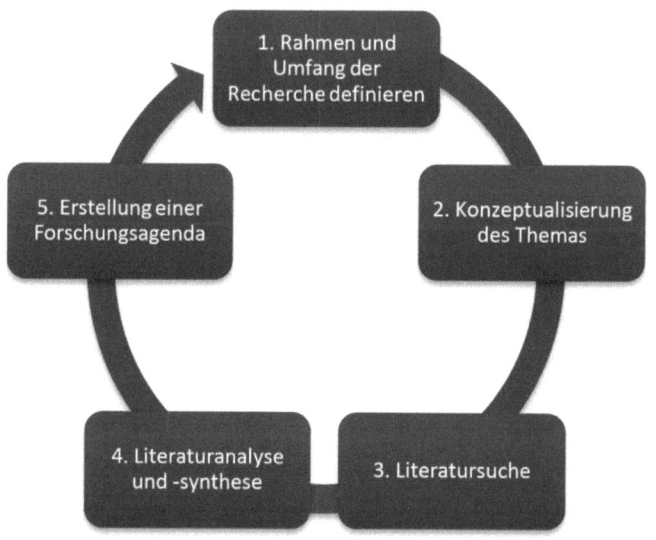

Abbildung 1-1: Methodik der Literaturrecherche
(in Anlehnung an: vom Brocke et al., 2009, S. 2212)

In der ersten Phase der Literatur-Review werden ein angemessener Umfang und die Kriterien der Überprüfung festgelegt. Dazu ist es notwendig, vorher die Ziele des Reviews klar zu definieren. Um den Umfang der Überprüfung korrekt zu klassifizieren, hat Cooper eine Taxonomie vorgeschlagen, in die sich Reviews einordnen lassen (Cooper, 1988, S. 104). Die Taxonomie von Cooper besteht aus sechs Merkmalen, die jeweils bestimmte Klassen enthalten, von denen einige sich gegenseitig ausschließen (Perspektive und Abdeckung), während andere kombiniert werden können (Zielgruppe, Organisation, Ziel und Fokus). Auf das Modell von Cooper wird in Kapitel 3.1 näher eingegangen.

Nachdem der Umfang der Recherche festgelegt und bekannt ist, welche Konzepte in dem Forschungsgebiet eine wichtige Rolle spielen, wird in der Phase 2 der Inhalt der Forschungsfrage in eine Suchanfrage umformuliert. Dabei wird mit der Entwicklung einer sogenannten „Concept Map" auf Grundlage der Forschungsfrage begonnen (Rowley & Slack, 2004, S. 36). Diese dient dazu, wichtige Suchwörter (Themen und Begriffe) zu identifizieren, mit denen die Suche nach der Literatur durchgeführt werden kann. Die Entwicklung der Concept Map sorgt für ein besseres Verständnis für die verschiedenen Theorien und Konzepte des Forschungsgebietes. Im Laufe der Literaturrecherche ist darauf zu achten, dass sich die Konzepte ändern können. Dementsprechend muss die Concept Map fortlaufend angepasst bzw. erweitert werden.

Der Suchprozess (Phase 3) umfasst eine Datenbank-, Schlüsselwort-, Rückwärts- und Vorwärtssuche. Die Herausforderung besteht im Identifizieren der richtigen Datenbank für das Forschungsgebiet. Um eine große Vielfalt an relevanten Publikationen auszumachen, werden die folgenden Datenbanken durchsucht: EBSCO, Emerald Insight, Web of Science, IEEEXploreDigital Library und Springer Link. Die ausgewählten Datenbanken werden in Kapitel 3.3 eingehender erläutert. Als nächstes wird die Concept Map in einen Suchterm überführt. Für den Suchterm werden die relevanten Keywords mit logischen Operatoren verbunden, wie AND und OR, und die Begriffe umklammert, die zusammengehören. Daraufhin werden die Relevanzkriterien bestimmt, das bedeutet, anhand welcher Kriterien wird entschieden, die erhaltene Literatur auszusortieren. Nachdem die Suche auf eine gewisse Anzahl potenzieller Resultate eingeschränkt wurde, wird eine Vorwärtssuche und Rückwärtssuche durchgeführt. Ziel ist es, diejenigen Publikationen von Autoren zu finden, die sich mit demselben Themengebiet beschäftigt haben (vom Brocke et al., 2009, S. 2213f; Webster & Watson, 2002, S. xvi).

Nachdem ausreichend Literatur zu einem Thema gesammelt wurde, muss diese analysiert und synthetisiert werden (Phase 4). Die sogenannte SQ3R-Methode wird von Ridley als eine Technik für effektives Lesen empfohlen (Ridley, 2012, S. 63). Diese besteht aus fünf Aktivitäten während des Lesens: Survey, Question, Read, Recall und Review. In Kapitel 3.4 wird diese Technik ausführlicher dargestellt. Webster und Watson (2002) heben zusätzlich hervor, dass ein Literatur-Review stets konzeptzentriert realisiert werden sollte. Sie schlagen die Verwendung einer Konzeptmatrix vor (Webster & Watson, 2002, S. xvii). In dieser wird anhand von Konzepten eines Themengebietes überprüft, welche Arbeiten welche Konzepte verfolgen.

Auf die fünfte Phase, der Erstellung einer Forschungsagenda, kann im Rahmen dieser Arbeit nur am Rande eingegangen werden und wird in Kapitel 3.5 kurz erläutert.

1.3 Aufbau der Arbeit

Die vorliegende Arbeit gliedert sich in fünf Kapiteln. Nachdem in der Einleitung die Motivation für die Realisierung der Forschungsarbeit gezeigt wurde, aus der die daraus resultierende Forschungsfrage abgeleitet ist, wird außerdem dargestellt, welche Methode zur Beantwortung der Forschungsfrage genutzt wird. Zusätzlich wird nach vergleichbaren Veröffentlichungen recherchiert und in Bezug zur eigenen Arbeit gesetzt (vgl. Kapitel 1.4).

In Kapitel 2 folgt die Darstellung der theoretischen Grundlagen und Definitionen des Geschäftsprozessmanagements und der Blockchain Technologie. Es wird auf die wichtigsten Grundbausteine beider Themenbereiche eingegangen, um so eine Grundlage für das weitere Verständnis dieser Untersuchung zu schaffen.

Im Fokus des dritten Kapitels steht die Methodik der Forschungsarbeit auf Grundlage von vom Brocke et al. (2009), die zuvor im ersten Kapitel erläutert wurde (vom Brocke et al., 2009, S. 2212). Die Forschungsmethode wird schrittweise bis zur letztendlichen Darstellung der Ergebnisse durchgeführt.

Darauf aufbauend wird in Kapitel 4 die relevante Datenbasis ausgewertet und anhand quantitativer und qualitativer Nachweise aus der systematischen Literaturrecherche bewertet. Auf diese Weise können mögliche Forschungsfelder und Forschungslücken bei der Analyse bestimmt werden.

Abschließend wird die in Kapitel 1 formulierte Forschungsfrage im Fazit (vgl. Kapitel 5) diskutiert und beantwortet. Weitere Informationen sowie eine vollständige Liste der enthaltenen Artikel sind in den Anlagen aufgeführt.

1.4 Related Work

In diesem Abschnitt werden verwandte Arbeiten in der Literatur zu Blockchain-Anwendungen für das Geschäftsprozessmanagement besprochen und hervorgehoben. In der Literatur gibt es einige Recherchen, die sich auf die Blockchain Technologie beziehen. Diese gehen vom Supply Chain über den Zahlungsverkehr bis hin zum Gesundheitsmanagement. Auch haben einige Autoren eine systematische Review durchgeführt, um herauszufinden, in welchen Bereichen die Anwendungen und Dienste der Blockchain-Technologie entwickelt werden kann.

Hauptbestandteil der meisten Arbeiten ist es die Vor- und Nachteile als auch Möglichkeiten und Herausforderungen der Technologie zu erörtern (Abou Jaoude & George Saade, 2019; Casino, Dasaklis, & Patsakis, 2019; Konstantinidis et al., 2018).

So auch die Arbeit „Blockchains for Business Process Management - Challenges and Opportunities" von Mendling et. al (2017). Die Autoren sind auf die Herausforderungen und Chancen in Bezug auf sechs BPM-Kernkompetenzbereiche eingegangen: strategische Ausrichtung, Governance, Methoden, Informationstechnologie, Menschen und Kultur. Ferner wurde die Anwendung der Blockchain in Verbindung des GPM-Lebenszyklus analysiert. Nämlich in der Identifizierung, Ermittlung, Analyse, Neugestaltung, Implementierung, Ausführung, Überwachung und Anpassung dieser Technologie. Diese Arbeit konzentriert sich ebenfalls auf die Ausführung der Prozesse im GPM-Lebenszyklus (Mendling et al., 2017).

Einen direkten Vergleich zu dieser Arbeit zu finden, das heißt einen Artikel, der genau dasselbe Themengebiet anspricht, hat sich jedoch zu einer Herausforderung entpuppt. Allerdings befasst sich der Artikel von Li, Marier-Bienvenue, Perron-Brault, Wang & Paré (2018) mit einer Literaturrecherche über die Blockchain Technologie in Geschäftsorganisationen. Sie befolgen die Methodik von Arksey und O'Malley (2005) sowie Levac et al. (2010), um deren Systematik und Transparenz zu maximieren (Arksey & O'Malley, 2005; Levac, Colquhoun, & O'Brien, 2010). Hinter der Literaturrecherche steckt eine Scoping Review, welche sich eher mit dem beschäftigt, was getan wurde, als auf die Ergebnisse, die gefunden wurde, eingeht. Die Autoren haben 39 Publikationen untersucht und kommen zu dem Schluss, dass die Funktionsweise der Blockchain-Technologie in Organisationen mehr angesprochen wird als die möglichen Geschäftsanwendungen von Blockchain (Li, Marier-Bienvenue, Perron-Brault, Wang, & Paré, 2018).

In einem weiteren Artikel soll der aktuelle Stand der Technik dargestellt werden, um Forschungsthemen, Herausforderungen und Anwendungen bei der Integration von Blockchain Technologien in die Entwicklung von Business Process Management zu identifizieren. In diesem Artikel wird auf Aspekte wie die Effizienzqualität, Agility-Compliance und Integrationsvernetzung in Bezug auf die Nutzung einer Blockchain für Geschäftsprozesse eingegangen. Auch werden relevante Blockchain-Anwendungen in der Industrie besprochen. Die verwendete Methode oder das Auffinden der Quellen durch die Autoren wird nicht dargelegt. Allgemein kann gesagt werden, dass eher auf die Integration von Blockchain Technologien in bestehende Internet of Things-, Cyber Physical System- und Industrie 4.0-Tools für die Entwicklung von BPM-Tools Bezug genommen wird (Viriyasitavat, Xu, Bi, & Pungpapong, 2019).

2 Theoretischer Hintergrund

2.1 Geschäftsprozessmanagement

Im folgenden Kapitel werden die Grundlagen näher erläutert, beginnend mit einer allgemeinen Einführung in das Geschäftsprozessmanagement. Anschließend wird die Ausführung von Prozessen, das Business Process Management System und ihre Prozessmodelle aufgezeigt. Daraufhin erfolgt die Vorstellung der Blockchain-Technologie und deren technischen Funktionsprinzipien. Abschließend wird die Anwendung von Smart Contracts betrachtet. Der Leser soll dadurch einen groben Überblick erhalten und die wichtigsten Fachbegriffe kennenlernen.

Am Anfang des Geschäftsprozessmanagements steht die Identifizierung der Geschäftsprozesse, die in der Praxis aufgrund von mangelndem Verständnis „die größten Probleme" bereiten. Wie bereits erwähnt, wird die Bezeichnung BPM weltweit auch für GPM verwendet. Dabei weist BPM eine starke informationstechnologische Prägung auf und wird häufig mit IT-Anwendungen im Geschäftsprozessmanagement gleichgestellt. In dieser Arbeit wird durchgehend der Begriff „Geschäftsprozessmanagement" benutzt. Im Folgenden wird kurz dargelegt, was unter dem Begriff „Geschäftsprozess" zu verstehen ist. Auch bei diesem Begriff werden in der Literatur unterschiedliche Bezeichnungen wie z. B. Prozesse, betriebliche Abläufe usw. als Synonyme verwendet (Schmelzer & Sesselmann, 2013, S. 5).

Gadatsch (2017) definiert die wichtigsten Merkmale eines Geschäftsprozesses: „Ein Prozess unterstützt ein unternehmensbezogenes Ziel, das sich an der Strategie des Unternehmens bzw. der Organisation ausrichtet, besteht aus mehreren Einzelschritten, findet regelmäßig statt, wird häufig arbeitsteilig durch mehrere Personen, Abteilungen, Bereiche oder Unternehmen durchgeführt, erfordert in der Regel Unterstützung durch ein oder sogar mehrere Softwaresysteme und ggf. weiterer Ressourcen (z. B. Telefon, Kopierer, Transportfahrzeug, Maschinen, Anlagen), verarbeitet Informationen (Input) und führt zu einem durch das Unternehmen gewünschten Ergebnis (Output)" (Gadatsch, 2017, S. 5). Zusätzlich besteht ein Geschäftsprozess aus einer zeitlich-logischen Abfolge von Aktivitäten, welche eine zeitliche Ausdehnung hat und durch ein Beginn- und Endergebnis begrenzt ist (siehe Abbildung 2-1). Weiterhin ist ein wesentliches Merkmal der interne oder externe Kundenfokus (Amberg, Bodendorf, & Möslein, 2011, S. 60).

Theoretischer Hintergrund

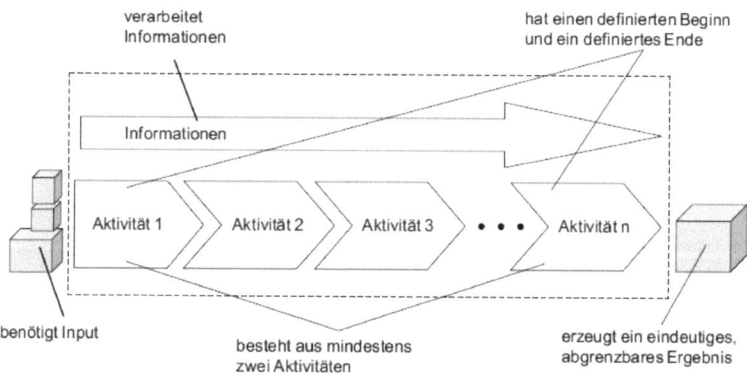

Abbildung 2-1: Betriebswirtschaftlicher Prozess
(Amberg et al., 2011, S. 59)

Die Auseinandersetzung mit Geschäftsprozessen in einem Unternehmen bedarf eines Geschäftsprozessmanagements. GPM ist ein geeignetes Managementkonzept, um flexibel auf Veränderungen zu reagieren und notwendige Anpassungen vornehmen zu können. Schmelzer und Sesselmann (2010) definieren GPM als „ein integriertes System aus Führung, Organisation und Controlling, das eine zielgerichtete Steuerung der Geschäftsprozesse ermöglicht. Es ist auf die Erfüllung der Bedürfnisse der Kunden und anderer Interessengruppen ausgerichtet und trägt wesentlich dazu bei, die strategischen und operativen Ziele des Unternehmens zu erreichen" (Schmelzer & Sesselmann, 2013, S. 6). Ziel des Geschäftsprozessmanagement ist die Steigerung von Effektivität und Effizienz, sodass Unternehmen sich im Wettbewerb durchsetzen, den Kundennutzen erhöhen sowie die unternehmerischen Kosten senken können. Allerdings müssen dafür die Geschäftsprozesse auf die Strategie, den Zielen und den Kundenbedürfnissen ausgerichtet sein. Für das Erreichen der gegenwärtigen Geschäftsziele und derjenigen in naher Zukunft ist das operative GPM verantwortlich. Das strategische GPM legt dafür den Ziel- und Handlungsrahmen fest. Es schafft Erfolgspotenziale und dient der langfristigen Zukunftssicherung (Schmelzer & Sesselmann, 2013, S. 6, 82, 265ff). Um das Unternehmen bei Ihren Aufgaben zu unterstützen und den Unternehmenserfolg zu steigern, bietet sich im Rahmen des GPM die Nutzung eines zyklisch orientierten Modells wie der Prozessmanagement-Lebenszyklus (PMLC) an. Dieser kann im ganzen Unternehmen verwendet werden oder nur in bestimmten Bereichen (Bayer & Kühn, 2013, S. 12). Der PMLC besteht aus den sechs Phasen: Prozessstrategie, Prozessdokumentation, Prozessoptimierung, Prozessumsetzung, Prozessdurchführung und Prozesscontrolling. Im Folgenden wird kurz auf die einzelnen Phasen eingegangen, dabei wird sich auf die Ergebnisse von Bayer und Kühn (2013) bezogen.

In der Phase der *Prozessstrategie* wird definiert, wie durch die Geschäftsprozesse, etwa die bereits formulierten Unternehmensziele, erreicht werden können. Das Aufstellen einer Prozesslandkarte soll einen Überblick der Prozesse geben, und daraus werden wiederum die Ziele und messbaren Kennzahlen für die spezielle Prozesse abgeleitet. Die Phase der *Prozessdokumentation* dokumentiert die Ist-Prozesse und macht diese öffentlich. Neben der Dokumentation der Prozessabläufe können auch Organisationseinheiten, Rollen oder IT-Ressourcen zugeordnet werden. Anschließend werden in der *Prozessoptimierung* die Ist-Prozesse analysiert, um Schwachstellen in den vorhandenen Prozessen zu erkennen. Dafür werden Prozesse ausgewählt, die in separaten Projekten im Sinne der Prozessziele verbessert werden sollen. Wurde der PMLC vorher bereits durchgeführt, können dafür Performance-Analysen aus der Phase des Prozesscontrollings verwendet werden. Zusätzlich werden geeignete IT-Unterstützungssysteme konzipiert und modelliert. Aus der Prozessoptimierung entstehen die Soll-Prozesse. Aufgabe der *Prozessumsetzung* ist es, die Soll-Prozesse im Unternehmen einzuführen und zu etablieren; sie stellen die neuen Ist-Prozesse dar. Diese werden in der Phase der *Prozessdurchführung* im Rahmen der laufenden Geschäftstätigkeit im Unternehmen ausgeführt. Die Prozessdurchführung kann durch die Nutzung von IT-Systemen wie Business Process Management Systemen (vgl. Kapitel 2.1.2) oder Workflow Management Systeme (WFMS) unterstützt werden. Daraus können sogenannte Monitoring-Daten aufgezeichnet werden, die für das Prozesscontrolling hilfreich sind. In der letzten Phase, dem *Prozesscontrolling*, werden die erhobenen Daten ausgewertet und mit den definierten Zielen, Kennzahlen oder Vorgaben verglichen und bewertet. Die Resultate bilden die Basis für das wiederholte Durchlaufen des PMLC und helfen bei der Kontrolle der Prozesse im Unternehmen (Bayer & Kühn, 2013, S. 13f).

2.1.1 Geschäftsprozessausführung

Die Erfassung von Arbeitsanweisungen auf Grundlage der Prozessdokumentation kann die Durchführung der Geschäftsprozesse größtenteils unterstützen. Dabei ist das Monitoring eines der Hauptaufgaben. Beim Monitoring werden alle Ergebnisse der Überwachung für die Erreichung der definierten Ziele zusammengefasst. In den Arbeitsanweisungen wird unter anderem aufgeführt, welche

Regeln für relevante Genehmigungsverfahren erstellt wurden und den Prozessablauf zum Teil konkretisieren. Zusätzlich werden Verbesserungsmaßnahmen zur Verfügung gestellt, falls ein nicht Erreichen der Ziele droht. Durch diesen Prozess können Komplikationen frühzeitig erkannt und dementsprechend verhindert bzw. beseitigt werden. Die Aufgabe des Prozessverantwortlichen ist es, diese Komplikationen schnell zu lösen und direkt im Prozess umzusetzen. Während der Prozessausführung müssen Messdaten zu den Prozesskennzahlen erhoben werden. Diese Messdaten lassen sich in zwei Gruppen einteilen. Zum einen in Instanzdaten und zum anderen in Ausnahmedaten. Ausnahmedaten dokumentieren besondere Geschehnisse und unkalkulierbare Störungen, welche ein gezieltes Eingreifen verlangen. Instanzdaten geben Informationen über die durchlaufenden Teilprozesse. Sie geben Zeitpunkte wieder, in denen besondere Ereignisse aufgetreten sind. Ferner bilden sie Stellen ab, an denen eine Funktion ausgeführt wurde. Schließlich zeigen sie die Eigenschaftsausprägungen der Prozessobjekte.Für die Erfassung und die Speicherung derInstanzdatensolltenaufgrund des hohen Aufwandesauf Informationssysteme zurückgegriffen werden. Mithilfe der Messdaten lässt sich die Performance des Geschäftsprozesses ermitteln. Eine andere Möglichkeit bietet die Durchführung eines Prozessaudits. Bei diesem wird ermittelt, ob vorher formulierte Richtlinien durch die Geschäftsprozesse eingehalten wurden. Weiterhin ist zu beachten, dass die Daten für jeden Mitarbeiter, der für den jeweiligen Bereich verantwortlich ist, zur Verfügung stehen. Die Herausforderung liegt darin, dass die Prozesse gegebenenfalls an verschiedenen Standorten, für unterschiedliche Kunden oder Produkte ausgeführt werden, und es für jede Funktion andere Mitarbeiter gibt. Aufkommende gesetzliche Rahmenbedingungen können zusätzlich die Datensammlung erschweren. Hierbei können der Datenschutz sowie die Rechte der Mitarbeiter schnell verletzt werden. Um dem entgegen zu wirken, ist es von Vorteil, den Betriebsrat von Beginn an bei den Entscheidungen zu beteiligen (Bayer & Kühn, 2013, S. 14, 30; Becker, Kugeler, & Rosemann, 2012, S. 314f).

2.1.2 Business Process Management Systeme

Der PMLC wird während seiner Verwendung entweder vollständig oder teilweise durch die IT unterstützt. Dafür werden sogenannte BPM-Tools (vgl. Kapitel 2.1.3) als Werkzeuge eingesetzt, die auch in BPM-Systemen integriert werden. Ein Business Process Management System ist eine Anwendung zur Modellierung, Steuerung, Ausführung, Monitoring, Analyse und Optimierung von

Geschäftsprozessen. Es ist eine Kombination aus den Eigenschaften von Enterprise-Application-Integration(EAI) Systemen und WorkflowManagementSystemen. In Verbindung mit Internetplattformen (Web Services) und einer Strukturierung von IT-Systemen (service-orientierten Architektur) werden Services aufgerufen, die zu einem Gesamtprozess verbunden und dessen Durchführung gesteuert werden können(Schmelzer & Sesselmann, 2013, S. 468, 481).

Ein BPMS besteht aus vier Komponenten. Bei der *Prozessdesignkomponente* werden die Geschäftsprozesse aus Sicht des Anwenders modelliert und in eine maschinenlesbare Form transformiert. Diese werden anschließend in der *Datenhaltungskomponente* abgelegt. Die Hauptkomponente *Prozess-Engine* besitzt verschiedene Integrationsdienste. Sie interpretiert die technische Prozessmodellierung und führt sie dementsprechend aus. Die Integrationsdienste übernehmen den Aufruf spezifizierter Dienste und Transaktionen von externen Systemen. System- und anwenderbezogene Prozessdurchführungsinformationen sowie mögliche Komplikationen werden ebenfalls in der *Datenhaltungskomponente* erfasst. Diese Informationen werden an die *Analysekomponente* weitergegeben und ausgewertet (Strohmeier, 2008, S. 305-314).

2.1.3 Prozessmodelle

Schwerpunkt der BPM-Tools bildet die Prozessmodellierung. Dabei werden Geschäftsprozesse vollständig, formal, präzise, realitätsnah und konsistent abgebildet. Eine Prozessmodellierung sollte angewendet werden, wenn im Geschäftsprozessmanagement die Tätigkeiten mithilfe der IT ausgeführt wird(Schmelzer & Sesselmann, 2013, S. 473). Es gibt verschiedene Methoden, um Prozesse als grafische Modelle darzustellen. Die Entscheidung, welche Methode im praktischen Fall angewandt wird, sollte immer fallbezogen und zielorientiert getroffen werden. Im Folgenden werden die zwei bekanntesten, kontrollflussorientierten Methoden detaillierter erläutert. Zu diesen gehören die Ereignlsgesteuerten Prozesskette (EPK) und das Business Process Modelling and Notation (BPMN).

Bei kontrollflussorientierten Methoden steht die Abfolge der Tätigkeiten im Vordergrund. Die Methoden werden im BPMS in der Prozessdesignkomponente erstellt und im Prozess-Engine ausgeführt. Dabei handelt es sich bei der EPK um eine fachliche Spezifikation eines Prozesses, welche zunächst der Abbildung logischer und zeitlicher Abläufe aus fachlicher Sicht dient. Um fachlich-technische Prozessbeschreibungen zu erstellen, bedarf es einer Überführung der fachlichen in technische Prozessbeschreibungen. Dafür werden technische

Aspekte hinzugefügt. Das BPMN gehört zu eben dieser fachlich-technische Prozessbeschreibung.

Um den modellierten Prozess in der Prozess-Engine auszuführen, muss dieser in einen rein technischen Code transformiert werden. Dafür wird meist die XML-basierte Sprache Business Process Execution Language (BPEL) verwendet (Strohmeier, 2008, S. 307ff).

2.1.3.1 Ereignisgesteuerten Prozesskette (EPK)

Die EPK-Methode stellt den Ablauf eines Prozesses mit nur wenigen Grundsymbolen dar. Das Modell arbeitet mit den Basiselementen Ereignisse und Aktivitäten bzw. Funktionen, die aneinander gereiht die Prozessabläufe visualisieren. Hierbei beginnt und endet eine EPK immer mit einem Ereignis. Dementsprechend wird das auslösende Ereignis als Start-Ereignis bezeichnet und das abschließende als End-Ereignis. Nach einem auslösenden Ereignis folgt die zu erfüllende Funktion bzw. Aktivität.Funktionen dürfen nur auf Ereignisse folgen und umgekehrt.Die zeitliche und logische Beziehung zwischen den Elementen wird durch einen Kontrollfluss abgebildet. Um Prozessvarianten oder gleichzeitig ablaufende Teilprozesse abzubilden, gibt es drei Konnektoren: Und, inklusives Oder und exklusives Oder. Das passive Element Ereignis repräsentiert das Eintreten eines Zustandes bzw. eines Objektes. Es löst entweder eine Funktion aus oder stellt einen erreichten Zustand dar. Eine Funktion ist ein aktives Element und präsentiert eine Tätigkeit oder Aktivität, welches den Zustand von Objekten ändert. Zwischen dem Kontrollfluss stehen die Konnektoren, die den Kontrollfluss verbinden und lenken. Die Prozesswegweiser bilden die Verknüpfung zu einem anderen Prozess. Um komplexere Prozesse zu modellieren, reicht die EPK Notation nicht aus, daher wurden weitere Elemente hinzugefügt. Die erweiterte Ereignisgesteuerte Prozesskette (eEPK) bietet zusätzlich die Symbole der organisatorischen Einheit, Informationsobjekte, Anwendungssysteme, Datenbanken sowie Dokumente an. Die organisatorische Einheit zeigt einen Teil der Organisationsstruktur, die am Prozess beteiligt sind, wie Personen, Abteilungen oder externe Partner. Informationsobjekte bilden Datenobjekte ab, die zuvor in einer Datensicht näher beschrieben wurden. Anwendungssysteme werden zur Unterstützung der Aktivitäten bzw. Funktionen genutzt. Datenbanken dienen als Datenquelle und Dokumente als Teil eines elektronischen als auch papiergebundenen Informationsfluss (Amberg et al., 2011, S. 69ff; Gadatsch, 2017, S. 96-104, 106-110).

2.1.3.2 Business Process Model and Notation (BPMN)

Der Aufbau eines BPMN gleicht der des EPK, allerdings gibt es einige Unterschiede. Wie auch bei der EPK beginnen die Prozesse immer mit einem Startereignis und enden mit einem Endereignis. Um die Prozessinformationen zu modellieren, wurden die Elemente in vier Kategorien eingeteilt: Flow Objects, ConnectingObjects, Pools und Swimlanes und Artefakte.

Die *Flow Objects* bestimmen die Aktivitäten und den zeitlichen und sachlogischen Ablauf der Aktivitäten. Flow Objects lassen sich in Aktivitäten, Gateways und Events bzw. Ereignisse gliedern. Die Events lassen sich zwischen dem Start-, dem End- und dem Zwischenereignis unterscheiden. Aktivitäten die grafisch durch ein Plus-Symbol gekennzeichnet sind, nennt man Teilprozesse. Hinter solchen Teilprozessen befindet sich noch ein weiteres Prozessmodell. Aktivitäten können aber auch durch andere Symbole und Aufgabentypen markiert werden. Die Gateways entsprechen den logischen Konnektoren der EPK und steuern den Prozessfluss. Die *Connecting Objects* der BPMN verbinden verschiedene Elemente miteinander. Es wird zwischen Sequenz-, Nachrichtenfluss- und anderen Verbindungen unterschieden. Sequenzverbindungen definieren die eigentliche Abfolge von Elementen, sie darf niemals die Poolgrenzen überschreiten. Der Nachrichtenfluss markiert den Austausch von Nachrichten und muss dafür immer die Poolgrenzen überschreiten. Weitere Verbindungen zeigen, dass Daten, Texte oder andere Objekte mit dem Kontrollfluss verbunden sind, z. B. Input oder Output einer Aktivität. Das Modell wird in *Pools und Swimlanes* unterteilt, um organisatorisch getrennte Prozesse zu veranschaulichen. Dabei stellt der Pool den gesamten Prozess dar, innerhalb dessen die Aktivitäten stattfinden. Die Swimlanes innerhalb des Pools repräsentieren jeweils eine organisatorische Einheit, Rollen oder Abteilungen. Die Flow Objects, welche durch Sequenzverbindungen miteinander verbunden sind, werden den passenden Swimlanes zugeordnet. Dies verdeutlicht die Beziehungen zwischen mehreren Teilprozessen. Die *Artefaktelemente* sind zusätzliche Elemente, die benötigt werden, um einen Prozess auszuführen. Sie können dabei helfen, den Prozess zu strukturieren. Datenobjekte sind hierbei die wichtigsten Elemente: Sie stellen alle Arten von Dokumenten und Informationen dar. Gruppierungen fassen Modellelemente zusammen, während Annotationen rein informativ sind und bei Bedarf für nähere Erläuterungen hinzugefügt werden können. Assoziationen werden u.a. zur Verlinkung von Datenobjekten genutzt (Becker et al., 2009, S. 70-78).

2.2 Blockchain-Technologie

Die Blockchain-Technologie ist eine der Kerntechnologien von Industrie 4.0, die zunächst auf den Betrieb des Bitcoin-Protokolls ausgelegt war. Wenn man die Blockchain technisch betrachtet, ist sie eine Datenbank, die ein verteiltes und unveränderliches digitales Geschäftsbuch erstellt. Da die Kette mit Zeitstempeln von Blöcken versehen ist, kann diese überprüft werden. Die Blöcke sind miteinander verbunden und werden von den beteiligten Nodes (Knoten) verwaltet. Transaktionen, die in einem Block hinzugefügt worden sind, können danach nicht mehr geändert oder gar gelöscht werden. Das besondere an der Blockchain-Technologie ist ihr dezentraler Aufbau. Hierbei wird auf eine zentrale Instanz verzichtet, sodass die Teilnehmer auf direktem Wege miteinander kommunizieren können. Einer der Vorteile ist, dass die Nutzer weltweit verteilt sein können und trotzdem alle über den gleichen Datenbestand verfügen. Der Datenbestand wird einheitlich synchronisiert, sobald eine Transaktion in die Blockchain geschrieben wird. Ein weiterer Vorteil ist das Verhindern des sogenannten „Double Spending Problems" ohne eine zentrale Trusted Third Party. Unter dem Begriff „Double Spending" werden z. B. digitale Geldbeträge verstanden, die gleichzeitig an mehreren verschiedenen Empfängern geschickt werden, ohne dabei die Nutzungsmöglichkeiten einer Einzelperson zu beschränken. Dafür werden die Transaktionsdaten in dem dezentralen Netzwerk mit den vorherigen verglichen. Der Vorgang überprüft, ob der Inhalt der Transaktion vorher bereits verwendet wurde. Die Trusted Third Party stellt z. B. eine Bank dar, die die Kontostände der am Netzwerk beteiligten verwaltet. Durch sie wird sichergestellt, dass Transaktionen exakt abgerechnet werden und die Nutzer nur die Geldbeträge überweisen, die ihnen zur Verfügung stehen(Hein, Wellbrock, & Hein, 2019, S. 5f; Manning, Sutton, & Zhu, 2016; Viriyasitavat, Da Xu, Bi, & Sapsomboon, 2018, S. 4).

2.2.1 Grundlagen

2.2.1.1 Blockchain & Distributed Ledger Technology (DLT)

Der Begriff „Distributed Ledger Technology" (DLT) wird oft als Synonym für die Blockchain Technologie angewandt, obwohl nicht bei allen DLT eine Blockkette verwendet wird. Dabei stellt ein Distributed Ledger eine Art verteiltes Kontenbuch dar mit der Möglichkeit, Informationen in einer digitalen Datenbank zu speichern und darauf zuzugreifen. Ziel des Kontenbuches ist es, die Transparenz der Informationen für alle Beteiligten zu gewährleisten und somit für Sicherheit und Stabilität zu sorgen. Für die gespeicherten Informationen gibt es also keine sich widersprechenden Datensätze(Manning et al., 2016, S. 30).

Eine Sonderform der DLT ist die Blockchain. Innerhalb des Kontenbuches werden die Informationen als Blöcke zusammengefasst. Die Informationsblöcke sind in chronologischer Reihenfolge abgespeichert und bilden die Blockchain, wobei jeder Block auf den vorherigen referenziert und ihn validiert.Abbildung 2-2zeigt wie die einzelnen Blöcke miteinander verkettet werden. Eine Blockchain kann nur durch Hinzufügen von gültigen Transaktionen verändert werden. Durch kryptologische Verfahren wird sichergestellt, dass die Informationsblöcke der Wahrheit entsprechen. Transaktionen können unter Verwendung einer digitalen Signatur durchgeführt werden. Die digitale Signatur hilft dabei, die einzelnen Transaktionen zu beglaubigen, sodass diese als wahr empfunden werden. Als valide gilt immer die längste Kette von Blöcken (Manning et al., 2016, S. 30; Pinna & Ruttenberg, 2016, S.15f).

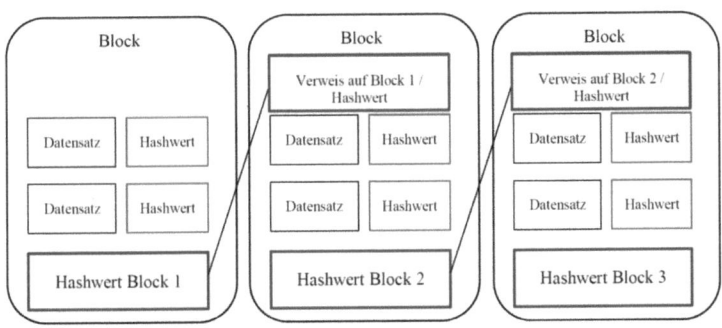

Abbildung 2-2: Prinzip der Blockchain Technologie
(in Anlehnung an: Burgwinkel, 2016, S.6)

2.2.1.2 Peer-to-PeerNetzwerk

Der dezentrale Aufbau eines Blockchain-Netzwerkes wird Peer-to-Peer (P2P) Netzwerk genannt. In diesen Netzwerken gibt es keinen zentralen Server, sondern nur eine Software, die dafür sorgt, dass die Kommunikation zwischen den Netzwerkakteuren und die Aktualisierung der Daten vorhanden ist. Die Software wird als Client bezeichnet. Die am P2P Netzwerk beteiligten Computer werden als Nodes (Knoten) aufgeführt. In einem P2P Netzwerk verfügen alle Teilnehmer über demselben Datenbestand und können dieselben Funktionen nutzen. Aufgrund der hohen Komplexität des Netzwerkes hat es mit einigen Herausforderungen zu kämpfen. Zum einen wäre eine absichtliche Manipulation möglich, falls ein Node eine Zahlung vorzutäuschen versucht. Die versuchten Manipulationen müssen von den anderen Nodes erkannt und abgelehnt werden. Auf die gleiche Weise muss beiSoftwarefehlern und bei Kommunikationsproblemen vorgegangen werden. Zum anderen muss darauf geachtet werden, dass Anwendungen bzw. Transaktionen regelkonform verarbeitet werden. Die Blockchain löst diese Herausforderungen, indem es den Hashwert bildet, damit die Identität der Informationen sichergestellt ist(Schütte et al., 2017, S. 11).

2.2.1.3 Transaktionen

Jede Transaktion muss zuerst von dem jeweiligen Sender erzeugt und digital signiert werden. Transaktionen bilden den Austausch zwischen abstrakten Werten und konkreten Wirtschaftsobjekten, wie z. B. eine Überweisung von Geld bzw. einer Kryptowährung, rechtliche Forderungen oder eine Registrierung von Dokumenten. Anschließend wird die Transaktion an das P2PNetzwerk gesendet und an die Nodes der Blockchain verteilt. Diese Nodes überprüfen die einzelnen Transaktionen, um einen passenden nonce-Wert zu finden. Die Konsensbildung dient dazu, einen gültigen Hashwert zu eruieren, der eine bestimmte Bedingung erfüllt. Anhand des Hashwertes kann die Echtheit des jeweiligen Dokuments überprüft werden, ohne dabei den genauen Inhalt des Dokuments einsehen zu müssen. Danach wird die Transaktion in ihrem Hashwert codiert und hierarchisch verdichtet, um anschließend in der Blockchain hinzugefügt zu werden. Aufgrund derHashfunktion können die Transaktionen nicht verändert oder gelöscht werden, da dies den Hashwert des Blockes verändern würde und den „Merkle Tree" inkonsistent macht. Mit Hilfe des „Merkle Trees" lässt sich ein Block eindeutig identifizieren und fasst mehrere Hashwerte in einem Block zusammen. (Neugebauer, 2018, S. 313; Schütte et al., 2017, S. 11f).

2.2.1.4 Block

Die Blockchain hat ihren Namen aufgrund der Vorgehensweise erhalten, weil die Daten in einzelne Blöcke getrennt gespeichert werden. Innerhalb der Blöcke sind alle Transaktionen eines P2P Netzwerkes enthalten. Die Blöcke werden verteilt auf die Systeme der Netzwerkteilnehmer und in zusammenhängender Reihenfolge gespeichert, wodurch eine Transaktionskette (Blockchain) entsteht. Wird eine Transaktion hinzugefügt, wird diese zuerst verifiziert und dann chronologisch in den Block gespeichert. Wurde eine Transaktion nicht bestätigt, verweilt sie solange im Pool, bis sie in dem Block hinzugefügt wird. Allerdings, können nicht unendlich viele Transaktionen in einem Block festgehalten werden. Die Größe eines Blocks wird vorher definiert. Falls die Größenvorgabe des

Blocks erreicht wird, muss dieser geschlossen werden. Neben den Transaktionen enthält der Block noch weitere Daten, wie z. B. den Hashwert des Blocks, sowie des vorherigen Blocks, Daten für das Mining und den „Merkle Root"(Hein et al., 2019, S. 9).

2.2.1.5 Voraussetzungen einer Blockchain

Das Einsetzen einer Blockchain ist jedoch nicht immer ratsam bzw. löst nicht jedes Problem. Anders ausgedrückt, macht eine Blockchain dort Sinn, wo verschiedene Parteien sich nicht vertrauen können, jedoch eine gemeinsame Datenbank zwecks Informationsaustausches nutzen. Zusätzlich gibt es vier Voraussetzungen für den Einsatz einer Blockchain: das Vorhandensein von Intermediären, hohe Anforderungen an Daten und Prozessintegrität, dezentrale Netzwerke oder die Übermittlung von Werten und Wahrung von Rechten. Falls eines der Kriterien erfüllt ist, kann der Einsatz einer Blockchain in Betracht gezogen werden. Dabei muss jeder Anwendungsfall einzeln bewertet werden. Neben diesen Kriterien sollte der Fokus nicht auf der Anwendung einer Kryptowährung liegen und keine Prozesse ausgewählt werden, die einer strengen Regulierung unterliegen. Je nachdem welcher der beteiligten Parteien die Rechte über die Datenbank erhalten soll und dementsprechend die Blöcke verifiziert, sollte einer der drei Blockchain Grundtypen ausgewählt werden. Die Abbildung 2-3 zeigt, welche Fragestellungen dem Nutzer dabei helfen, den richtigen Typen auszuwählen(Schütte et al., 2017, S. 29-30).

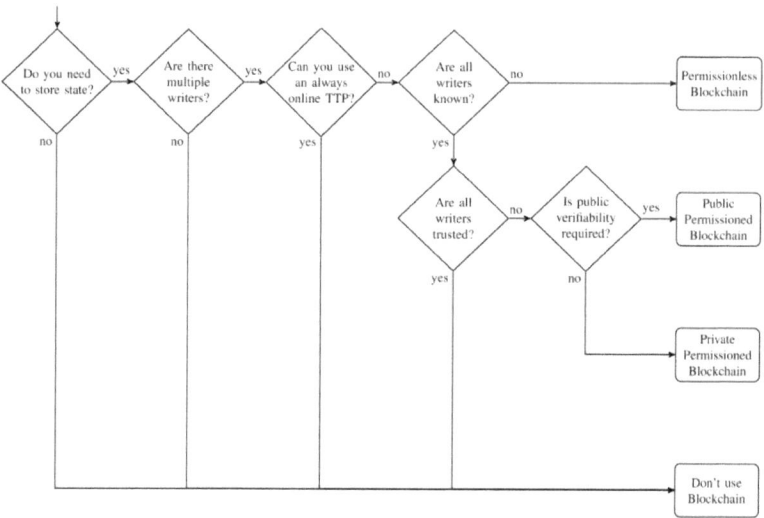

Abbildung 2-3: Fragestellungen vor dem Einsatz einer Blockchain (Wüst & Gervais, 2018, S. 47)

2.2.2 Smart Contracts

In dem Artikel „Smart Contracts: Building Blocks for Digital Markets" hat Nick Szabo (1996) zum ersten Mal den Begriff Smart Contracts beschrieben (Szabo, 1996). Smart Contracts sind digitale selbstausführende Verträge, welche Vereinbarungen zwischen zwei Vertragsparteien enthalten.Sie haben Eigenschaften von vertraglichen Vereinbarungen, sollten aber nicht mit gesetzlichen Verträgen verwechselt werden. Die Verträge werden durch Wenn-Dann-Regeln ausgeführt, was bedeutet, dass bei Erfüllung einer definierten Bedingung, automatisch eine definierte Konsequenz eintritt. Gleichzeitig werden bei Änderungen alle Vertragsparteien in Echtzeit darüber informiert. In dem Smart Contract wird dementsprechend die zugestimmten Rechte und Pflichtenaufgeführt, wobei die Vertragsvereinbarungen als Code formuliert werden.Smart Contracts können sehr unterschiedlich ausgestaltet werden und haben ein breites Spektrum von Einsatzmöglichkeiten. Mittlerweile werden Smart Contracts auf mehreren Blockchain-Plattformen unterstützt, wobei die Syntax und die Nutzungsmöglichkeiten differenziert sind. Beispiele der Plattformen sind Bitcoin, Ripple oder NXT, wobei die bekannteste Ethereum ist (Schiller, 2018). Smart Contracts werden in vielen Bereichen angewendet. Von Banken und Versicherungen, über die Musik- und Filmindustrie, bis hin zur Kunstwelt. Hierbei können sie für wirtschaftliche Transaktionen verwendet werden, zum Registrieren von

Eigentumsrechten als auch zum Verwalten von Zugangskontrollen, z. B. für Autos oder Wohnungen. Um Smart Contracts legitim auszuführen, wird eine externe Informationsquelle benötigt. Eine solche Quelle wird Oracle bezeichnet. Die Hauptaufgabe der Quelle ist es zu prüfen, ob die Vertragsbedingungen tatsächlich erfüllt worden sind. Diese Informationen sendet es auf sichere und vertrauenswürdige Weise an die Blockchain weiter, damit die Smart Contracts diese verwenden können (Kalinov & Voshmgir, 2017, S. 7, 24ff). Schlatt et al. (2016) zeigen Chancen und Risiken auf, die sich durch die Verwendung von Smart Contracts ergeben (siehe Abbildung 2-4) (Schlatt, Schweizer, Urbach, & Fridgen, 2016, S. 24).

Chancen	Risiken
Autonome Ausführung des Vertrages (Wright und De Filippi 2015); störende Eingriffe dritter Parteien in die Ausführung folglich nicht möglich (Juels et al. 2015)	Exakte und garantierte Ausführung eines Smart Contracts nach seiner Implementierung (Wright und De Filippi 2015); Unmöglichkeit des Rückzugs einzelner Vertragsparteien kann jedoch auch als Vorteil gesehen werden (vgl. Juels et al. 2015)
Vertragsausführung in Echtzeit (Wright und De Filippi 2015)	Hohe Abhängigkeit von dem jeweils ausführenden System (Walport 2015)
Geringe Vertrags-, Durchsetzungs- und Compliance-Kosten im Vergleich zu regulären Verträgen (Walport 2015); allgemein niedrigere Kosten der Ausführung, da Smart Contracts aufgrund ihrer Implementierung via Quellcode leicht zu standardisieren sind (Wright und De Filippi 2015)	Rechtliche Probleme, wie beispielsweise die Relation von Smart Contracts zu konventionellem Vertragsrecht oder dem Verbraucherschutz (Wright und De Filippi 2015); generell Frage der rechtlichen Verantwortung, da Verträge durch ein Computerprogramm anstelle einer rechtlichen Entität ausgeführt werden (Tuesta et al. 2015)
Möglichkeit, die Ausführung eines Smart Contracts von externen Ereignissen abhängig zu machen (Juels et al. 2015)	Einschränkung des Umfangs von Smart Contracts durch die Notwendigkeit, die jeweiligen Interaktionen durch Daten ausdrücken zu können (Peters et al. 2015; Tuesta et al. 2015)
Fairer Austausch zwischen zwei Vertragsparteien ohne intermediäre Partei möglich, selbst wenn sich die Vertragsparteien nicht gegenseitig vertrauen (Juels et al. 2015)	Maximale Vorteile von Smart Contracts bei der Verwendung durch viele Unternehmen, wobei jedoch zunächst ein Fachkräftemangel für die Implementierung auftreten könnte (Tuesta et al. 2015)
Minimierung der Interaktion zwischen den Vertragsparteien (Juels et al. 2015)	

Abbildung 2-4: Chancen und Risiken durch Smart Contracts (Schlatt, Schweizer, Urbach, & Fridgen, 2016, S. 24)

3 Methodik

3.1 Rahmen und Umfang der Recherche definieren

Bevor die eigentliche Datenbanksuche beginnt, muss ein sinnvoller Umfang definiert werden (Phase 1). Eine Literaturrecherche kann aus mehreren und sehr unterschiedlichen Gründen durchgeführt werden. Die Darstellungen können neutral, kritisch, repräsentativ, selektiv, konzeptionell, historisch oder auf dem neuesten Stand sein. Um den Umfang der Recherche zu bestimmen, wird im Folgenden auf die in Kapitel 1.2 erwähnte Taxonomie von Cooper (1988) zurückgegriffen. Der daraus resultierende Umfang bildet die Entscheidungsgrundlage bezüglich der Gestaltung und der Abwicklung der Suchmethodik (vom Brocke et al., 2009). Die Taxonomie besteht aus sechs Merkmalen: Fokus, Ziel, Perspektive, Abdeckung, Organisation und Zielgruppe. Die Merkmale enthalten bestimmte Klassen, die anschließend eingehender dargelegt werden (Cooper, 1988, S. 107ff).

Das Merkmal *Fokus* konzentriert sich auf die Art des Materials, das für das Review von Bedeutung ist. Das Material kann in vier Klassen eingeteilt werden, etwa als *Forschungsergebnisse, Forschungsmethoden, Theorien und Praktiken* oder *Anwendungen*. Bei der Wahl des Fokus schließen sich die einzelnen Klassen nicht gegenseitig aus. Im Gegenteil, sie treten in der Regel in Kombination auf.

Anschließend wird das *Ziel* der Review definiert. Cooper (1988) unterscheidet drei gemeinsame Ziele: *Integration, Kritisierung* sowie *Identifikation zentraler Herausforderungen*. Wie beim Fokus können die einzelnen Ziele kombiniert werden. Bei der *Integration* werden die verschiedenen Arbeiten miteinander verglichen. Die Klasse der Integration lässt sich wiederum in drei weitere Teilziele untergliedern. Die erste Möglichkeit ist die Generalisierung, bei der die Literatur zusammengefasst und eine zentrale Aussage zu dem jeweiligen Themengebiet getroffen wird. Bei der Auflösung von Unstimmigkeiten wird der Konflikt zwischen widersprüchlicher Literatur durch die Darstellung neuer Konzepte gelöst. Die letzte Möglichkeit der Entwicklung sprachlicher Brücken schafft einen gemeinsamen sprachlichen Rahmen. Hierbei wird für die Literatur mit unterschiedlichen sprachlichen Merkmalen eine Art sprachliche Brücke entwickelt, die das Verständnis über den Inhalt erleichtert. Bei der *Kritisierung* werden die Arbeiten anhand eines vorher aufgestellten Kriteriums analysiert und nur selten miteinander verglichen. Damit möchte der Reviewer nachweisen, dass die Ergebnisse aus der analysierten Literatur nicht fundiert sind. Das dritte Ziel, *der Identifikation zentraler Herausforderungen*, dient zur Ermittlung zentraler Themen in einem Bereich. Bei der Ermittlung sind wieder drei verschiedene Ansätze möglich. Zum einen können Forschungsfragen, welche in der Vergangenheit von Belang waren, erneut analysiert werden. Zum anderen können Fragen untersucht werden, die zukünftige Untersuchungen dominieren sollen. Schließlich können methodische Probleme identifiziert werden, die das Weiterentwickeln eines Themengebietes verhindern.

Ein weiteres Merkmal ist die *Perspektive*, die der Reviewer bei seiner Untersuchung einnimmt. Cooper (1988) hat zwischen zwei Perspektiven unterschieden, welche er als *neutrale Repräsentation* und als *Eintreten für eine Position* bezeichnet. Anders als beim Fokus oder beim Ziel schließen sich die Perspektiven gegenseitig aus. Im ersteren wird die Literatur zusammengefasst, wobei Gründe für und gegen unterschiedliche Interpretationen dargelegt werden. Hierfür interpretiert der Reviewer so wenig wie möglich anhand persönlicher Kriterien. Im Vordergrund steht der Gehalt der unterschiedlichen Theorien, Methoden, Anwendungen oder Ergebnisse in der Literatur. Wird jedoch eine Position eingenommen, spielt der Standpunkt des Reviewers eine erhebliche Rolle. Der Reviewer verfolgt das Ziel, die Literatur auszuwerten, um dann die eigenen Behauptungen zu verteidigen.

Das nächste Merkmal ist ein wichtiger Aspekt zur Bewertung einer Literatur-Review und stellt den *Grad der Abdeckung der existierenden Literatur* dar. Die erste Klasse einer *vollständigen Abdeckung* versucht die gesamte relevante bzw. einen großen Teil der Literatur umfassend zu präsentieren und zu interpretieren. Bei dieser Abdeckung wird die Literatur allerdings nicht allzu detailliert vorgestellt. Die zweite Klasse deckt die Literatur *vollständig mit selektiver Zitierung* ab. Dabei wird ebenfalls die gesamte Literatur erfasst, jedoch wird nur eine bestimmte Auswahl von Quellen im Detail beschrieben. Bei dieser Klasse werden Schlussfolgerungen sehr allgemein gehalten. Im Gegensatz zu den bisherigen Klassen untersucht die *repräsentative Abdeckung* nur Beispiele, welche größere Themengruppen darstellen. Daneben müssen Charakteristiken ausgewählt werden, die zeigen, warum die vorgestellte Literatur repräsentativ ist. Die letzte Klasse konzentriert sich nur auf die *zentrale* Literatur, welche für ein Themenfeld relevant ist. Die Review stellt Quellen vor, die sich bewährt haben oder Standardwerke eines Gebietes sind, die wichtige Grundlagen in der Wissenschaft geschaffen haben. Bei diesem Merkmal schließen sich die Klassen der vollständigen Abdeckung und der vollständigen Abdeckung mit selektiver

Zitierung gegenseitig aus. Im Gegensatz dazu kann die repräsentative und die zentrale Abdeckung gemeinsam agieren.

Das fünfte Merkmal ist die *Organisation* der Arbeit. Die Organisation wird in drei Klassen aufgeteilt: *Historisch, Konzeptionell* oder *Methodisch*. Die Klassen der Organisation lassen sich miteinander bündeln, sodass es möglich ist, die Literatur historisch innerhalb eines konzeptuellen oder methodischen Umfangs zu bearbeiten. Die *historische* Organisation stellt die Literatur chronologisch nach Erscheinungsjahr vor, somit kann die Entwicklung von Forschungen zeitlich dargestellt werden. Eine *konzeptionelle* Organisation betrachtet die Arbeiten einheitlich, die eine gemeinsame Idee verfolgen. Erfolgt die Organisation *methodisch*, werden Arbeiten verglichen, die gleiche oder ähnliche Methoden benutzten.

Das letzte Merkmal der Taxonomie von Cooper (1988) ist die *Zielgruppe*. Dies können *Fachleute eines bestimmten Gebietes* sein, *allgemeine Forscher,* die *allgemeine Wissenschaft, Praktiker und politische Entscheidungsträger* oder aber die *allgemeine Öffentlichkeit*. Bei der Entscheidung der Zielgruppe spielt der Schreibstil des Autors eine entscheidende Rolle. Denn bei der Ansprache der allgemeinen Öffentlichkeit stehen die Wirkungen einer Arbeit mehr im Vordergrund als die Details.

Merkmale	Klassen			
Fokus	Forschungsergebnisse	Forschungsmethoden	Theorien	Anwendungen
Ziel	Integration	Kritisieren		Herausforderungen
Perspektive	neutrale Repräsentation		Einnahme einer Position	
Abdeckung	vollständig	vollständig selektiv	repräsentativ	zentral
Organisation	historisch	konzeptionell		methodisch
Zielgruppe	Fachleute	Wissenschaft	Praxis/Politik	Öffentlichkeit

Tabelle 3-1: Taxonomie einer Literatur-Review nach Cooper (1988)
(in Anlehnung an: Cooper, 1988, S.109)

Die Taxonomie von Cooper wird auf das Thema dieser Arbeit angewendet. Tabelle 3-1 zeigt die Merkmale und Klassen der Cooper-Taxonomie. Die hervorgehobenen Klassen repräsentieren den Rahmen für diese Arbeit. Der *Fokus* beschränkt sich auf die *Forschungsergebnisse*, welche in den analysierten

Quellen beschrieben werden. *Ziel* ist es, die Quellen miteinander zu vergleichen und zusammenzufassen, sowie gemeinsame Themen zu identifizieren. Währenddessen wird darauf geachtet, ob sich methodische Probleme in der Literatur ergeben. Beim Zusammenfassen und Interpretieren der Literatur wird eine *neutrale Repräsentation* eingenommen, da die Aufmerksamkeit nur dem Inhalt der Quellen gilt. Da es in der Zeit des Internets quasi unmöglich ist, eine vollständige Abdeckung zu gewährleisten, wird beim *Grad der Abdeckung* auf eine *repräsentative* in Kombination mit einer *zentralenAbdeckung* zurückgegriffen. Ziel ist es, eine Auswahl von qualitativen Quellen wiederzugeben. Darüber hinaus werden zentrale Arbeiten eines Themengebietes hervorgehoben. Aufgrund der Tatsache, dass in dieser Arbeit die Literatur zusammengefasst und synthetisiert wird, wird eine *konzeptionelle Organisation* verfolgt. Abschließend soll das Ergebnis dieser Arbeit für *spezialisierte Fachleute* von Nutzen sein.

3.2 Konzeptualisierung des Themas

Nachdem der Umfang der Überprüfung anhand der sechs Merkmale beschrieben wurde, ist eine Konzeptualisierung des Themas erforderlich, um einen Überblick zu erhalten. Eine gängige Methode dafür ist das Erstellen einerConcept Map, die wichtige Schlüsselbegriffe identifiziert. Die Concept Mapdient auch dazu, verwandte Begriffe oder Synonyme aufzudecken.Die Schlüsselbegriffe und Synonyme werden anschließend bei der Literaturrecherche verwendet.Rowley und Slack (2004) definieren eine Concept Map als ein Abbild des Forschungsgebietes, die die Beziehungen zwischen den Konzepten darstellt. Die Konzepte werden als Kästchen dargestellt und die Beziehungen durch Linien.Rowley und Slack (2004) betonen, dass es für eine Concept Map keine richtige Antwort gibt (Rowley & Slack, 2004, S.36f).

Für das Thema der Arbeit wurden zwei Concept Maps erstellt. Zum einen für das Thema „Blockchain" und zum anderen für das Thema „Geschäftsprozessmanagement". Da sie für die Concept Map elementar sind, haben beide Konzepte den höchsten Rang. Das Ergebnis der Concept Map ist in Abbildung 3-1 zu sehen. Die rechte Seite der Abbildung zeigt das Konzept von „Geschäftsprozessmanagement" und dessen Synonyme sowie die häufigsten optionalen Ergänzungen. Technologien und Stichwörter verwandter Applikationen wurden links unter dem Konzept „Blockchain" aufgeführt. Durch die Erstellung einer Concept Map haben sich Schlüsselbegriffe wie Geschäftsprozess, Process Execution oder Smart Contract ergeben.

Ebenso wurden Synonyme wie Business Process Management, Distributed Ledger Technology aufgedeckt sowie die Kürzel BPM, GPM und DLT. Diese können im nächsten Schritt verwendet werden, um den Suchterm zu erstellen.

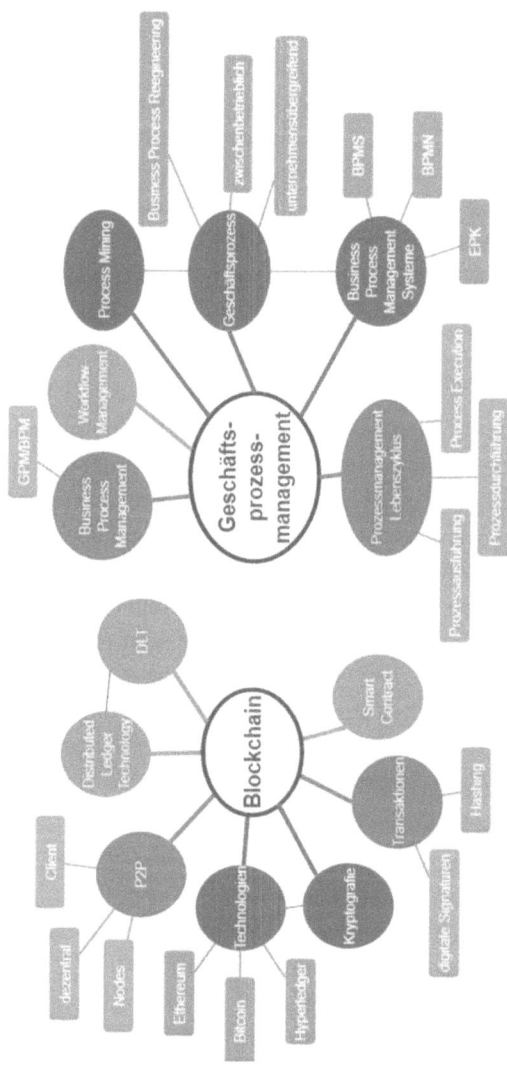

Abbildung 3-1: Concept Map zum Thema Blockchain und Geschäftsprozessmanagement

3.3 Literatursuche

Da der Umfang der Überprüfung festliegt (Phase I) und das Thema konzipiert (Phase II) ist, wird anschließend die eigentliche Literaturrecherche gemäß den Schritten von vom Brocke et al. (2009) in der Phase III strukturiert (vom Brocke et al., 2009, S. 2212).

Der Prozess einer Literatursuche wird definiert als eine systematische und vollständige Suche nach allen Arten von Veröffentlichungen, damit so viel als möglich an relevanten Publikationen herausgelesen werden kann. Die Literatursuche ist ein wichtiger Bestandteil des Forschungsprozesses, da die gefundene Literatur die Basis der Review bildet. Durch das Internet hat sich die Handhabung von Informationen viel komplexer gestaltet als in der Vergangenheit. Es ist nicht nur eine unüberschaubare Menge von Informationen elektronisch verfügbar, sondern es gibt auch eine Vielzahl verschiedener Wege diese zu erhalten. Die Durchführung einer Literatursuche verfolgt eine Reihe von Gründen. Zum einen hilft die Suche dabei, die Arten von Daten zu identifizieren, welche benötigt und verwendet werden. Sie zeigt ferner, wie die Daten analysiert werden können. Um Duplikationen von früheren Arbeiten zu verhindern, ist es wichtig herauszufinden, was andere Autoren bereits in dem Forschungsfeld bearbeitet haben. Daraus folgt zudem, dass Bereiche identifiziert werden, in denen noch keine Forschungen durchgeführt wurden. Außerdem wird sichtbar, welche Forschungsfragen unbeantwortet geblieben sind. Diese können nun angegangen werden. Zusätzlich können Fehler vermieden werden, die anderen Autoren unterlaufen sind (Ridley, 2012, S. 41-43).

Methodik

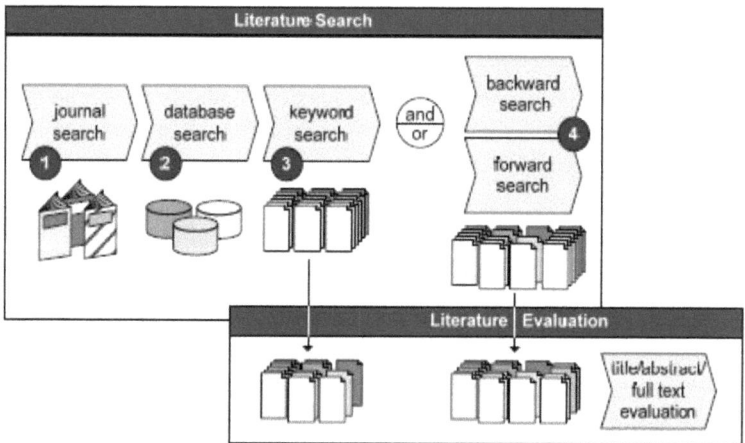

Abbildung 3-2: Prozess der Literatursuche
(vom Brocke et al., 2009, S. 2213)

Die Literatursuche ist in vier Unterphasen gegliedert, welche in Abbildung 3-2dargestellt sind. Die erste Unterphase bildet die Identifizierung von verschiedenen Informationsquellen für das jeweilige Fachgebiet. Die Publikationsarten eignen sich unterschiedlich gut für die Verwendung in wissenschaftlichen Arbeiten und dienen verschiedenen Zwecken. Rowley und Slack (2004) sowie Ridley (2012) bieten einen Klassifikationsrahmen für verschiedene Literaturquellen an.

Als Erstes werden *Bücher* genannt. Bücher können Lehrbücher sein, welche allgemeines Fachwissen enthalten,aber auch Nachschlagewerke wie Wörterbücher oder Enzyklopädien. Ein Fachbuch dagegen informiert über Forschungsergebnisse oder enthält eine Sammlung von Studien, welche von verschiedenen Autoren verfasst wurden (Sammelwerke). Da das Thema dieser Arbeit auf den aktuellen Stand ausgelegt ist, und es vermutlich bis jetzt keine relevanten Bücher zu diesem Thema veröffentlicht wurden, werden Bücher kein Bestandteil der Informationsquellen sein. Eine weitere Quelle stellen *Artikel aus Fachzeitschriften* dar. Nach Rowley und Slack (2004) stellen diese aufgrund ihrer Aktualität, ihrer geprüften wissenschaftlichen Qualität (Peer-Review-Verfahren) und der Spezialisierung die wichtigste Ressource für die Forschung dar. Fach- und Forschungszeitschriften können Literatur-Reviews enthalten, die einen ersten Eindruck über aktuelle Arbeiten in einem Bereich geben.Infolgedessen werden Zeitschriften wie das „Business Process Management Journal" (BPMJ) und das „International Conference on Business Process Management" (BIS) auf relevante Quellen untersucht. Zusätzlich wird auf verschiedene Konferenzen zurückgegriffen, die BPM-Themen ansprechen. Beispielsweise der „International Conference on Information Systems" (ICIS) und der „European Conference on Information Systems" (ECIS).*Webseiten* wie z. B. Blogs, Wikis und Seiten von Institutionen oder Personen sind sehr informativ. Die Inhalte dieser Quellen können jedoch von einem auf den anderen Tag aus dem Netz genommen werden. Webseiten eignen sich eher für die Datenerfassung und können wesentliche Statistiken oder Informationen zur Verfügung stellen. Da die Quellen nicht von Verlagen oder anderen Instanzen geprüft werden, werden sie nicht als akademisch verlässliche Informationsquellen angesehen. Deswegen werden auch Webseiten nicht als Informationsquelle für diese Arbeit verwendet.Die sogenannte *Graue Literatur* umfasst Publikationen, wie z.B. Abschlussarbeiten und Dissertationen, Technical Reports, Working Papers oder auchVeröffentlichungen zu aktuellen Forschungstätigkeiten. Diese Art von Publikationen wird außerhalb von Verlagen veröffentlichtund erscheinen als unabhängiges Schrifttum. Working Papers werden von Wissenschaftlern geschrieben, jedoch nicht von Externen überprüft. Sie enthalten sehr aktuelle Untersuchungen und Ergebnisse, und aus diesem Grund werden Papers eine wichtige Informationsquelle für diese Arbeit darstellen (Ridley, 2012, S. 43ff; Rowley & Slack, 2004, S. 32f).

In der zweiten Unterphase werden die geeigneten Datenbanken ausgewählt, um Zugriff auf die Informationsquellen aus der ersten Unterphase zu erhalten. Rowley und Slack (2004) führen drei Suchinstrumente auf: Bibliothekskataloge, Suchmaschinen und Online-Datenbanken. Kataloge von Bibliotheken können genutzt werden, um Bücher oder Zeitschriften aufzufinden. Suchmaschinen werden verwendet, um Zugang auf Webseiten durch eine stichwortbasierte Suche zu erhalten oder andere Datenbanken zu identifizieren. Online-Datenbanken sind fachspezifisch und enthalten überwiegend Aufsätze, aber auch Zeitschriftenartikel, Dokumente und Bücher(Rowley & Slack, 2004, S. 34). Um ein breites Spektrum für die Literaturrecherche zu haben, werden fünf unterschiedliche Datenbanken durchsucht: EBSCO, Emerald Insight, Web of Science, IEEEXploreDigital Library und Springer Link. Die Auswahl der Datenbanken wird nachfolgend erläutert.

EBSCO Business Source ist weltweit einer der größten wirtschaftswissenschaftlichen Datenbanken. Die Datenbank bietet Volltexte von über 2.000 Zeitschriften und Magazinen an, als auch über 1.000 Peer-Reviewed Journals. Zusätzlich werden eBooks, Fallstudien, Branchenberichte, Unternehmensprofile und Interviews als Publikationsart bereitgestellt. EBSCO umfasst Bereiche wie die

Unternehmensforschung einschließlich Marketing, Management, Buchhaltung, Finanzen und Wirtschaft (Booth, Sutton, & Papaioannou, 2016, S. 112).

Emerald Publishing verwaltet ein Portfolio von über 300 Zeitschriften, mehr als 2.500 Büchern und über 1.500 Lehrfällen in Bezug auf eine Reihe von Themen, einschließlich Rechnungswesen und Finanzen, Management, Marketing, Gesundheits- und Sozialwesen, Informationsstudien und Ingenieurwesen(Booth et al., 2016, S. 113).

Dagegen stellt Web of Science regionale Zitationsindizes, Patentdaten, Fachindizes und einem Index von Forschungsdatensätzen, die insgesamt über 33.000 Zeitschriften umfassen, zur Verfügung. Die Datenbank indexiert internationale Konferenzberichte und verfügt über zwei Konferenzprotokolldatenbanken: der Wissenschaft sowie den Sozial- und Geisteswissenschaften. Aufgrund der angebotenen Vielfalt und des Themengebietes der Wirtschaftsinformatik wurde die Datenbank in Betracht gezogen ("Web of Science - Web of Science Group," n.d.).

Die digitale Bibliothek IEEE Xplore ermöglicht den Webzugriff auf mehr als vier Millionen Volltextdokumente der weltweit am Häufigsten zitierten Veröffentlichungen in den Bereichen Elektrotechnik, Informatik und Elektronik. Sie umfasst mehr als 195 unterschiedlich Zeitschriften, über 9.000 technische Standards und ungefähr 2.400 Bücher ("IEEE Xplore - About IEEE Xplore," n.d.).

Springer Link bietet elektronische und gedruckte Publikationen des Springer-Verlags aus dem naturwissenschaftlichen, technischen und medizinischen Gebiet an. Mit über 9 Millionen wissenschaftlichen Dokumenten aus Zeitschriften, Büchern, Nachschlagewerken und Konferenzbeiträgen ist es einer der weltweit führenden Online-Informationsdienste. Auch das „International Conference on Information Systems" (ICIS) gehört zu dem Springer Verlag. Somit deckt diese Datenbank einen angemessenen Teil der Bereiche dieser Überprüfung ab("Springer Link," n.d.).

In der dritten Unterphase werden die ausgewählten Datenbanken anhand einer Stichwortsuche analysiert. Für die Stichwortabfrage wird ein Suchterm entworfen, der sich aus der Kombination von Begriffen der Concept Map ergibt. Rowley und Slack (2004) empfehlen den Suchalgorithmus explizit zu gestalten sowie eindeutige Begriffe oder Namen zu verwenden, um nur relevante Publikationen zu erhalten (Rowley & Slack, 2004, S. 35). Besteht die Suchabfrage beispielsweise nur aus den Begriffen Blockchain und BPM, würde die Datenbank eine Vielzahl von verschiedenen und unrelevanten Quellen ausgeben. Ziel ist es jedoch, den Ausgabepool durch den präzisen Suchalgorithmus so zu beschränken, dass am Ende nur eine geringe Menge an Artikeln ausgelesen werden. In diesem Fall wurde der Suchterm in zwei Kategorien aufgeteilt. In der ersten werden nur Begriffe aufgezählt, die in den Bereich des GPM fallen. Diese sind Geschäftsprozessmanagement, Geschäftsprozesse und Prozessausführung. Die zweite Kategorie enthält Begriffe aus dem Gebiet der Blockchain. Bezeichnungen wie Blockchain, Distributed Ledger und Smart Contracts sind hier besonders wichtig. Des Weiteren wurden Synonyme als auch weitere Begriffe aus der Concept Map integriert. Die Groß- und Kleinschreibung von Wörtern spielt keine Rolle, da Groß- und Kleinbuchstaben gleichbehandelt werden.

Zusätzlich werden Felder und Operatoren bestimmt, welche die Suchanfrage strukturierter gestalten und wiederum die Ergebnisse einschränken. In den meisten Fällen werden in den Feldern „Abstract" und „Titel" gesucht, da in ihnen meist der Hauptschwerpunkt des Artikels genannt wird. Für diese Überprüfung wird zusätzlich das Feld „Keywords" abgefragt.

Als letztes wird der Suchterm durch das Hinzufügen von Operatoren erweitert. Dazu gehören Boolesche Operatoren wie „AND", „OR" oder „NOT", als auch Klammern oder Platzhalter. Für die Platzhalter können folgende Zeichen „*", „$" oder „?" genutzt werden. Der AND-Operator wird verwendet, um verschiedene Wörter zu kombinieren. Enthält eine Quelle nur eines dieser Wörter wird diese ignoriert. Bei einer AND-Verknüpfung wird das Ergebnis mit jedem zusätzlich eingegebenen Wort verkleinert. Die Nutzung des OR-Operators erweitert die Suche und ist hilfreich für synonyme Begriffe. Das Ergebnis sind Texte, die eines der beiden Wörter enthalten. Begriffe, die zusammengehören, werden umklammert. Eine Bedingung für die Stichwortsuche war, dass mindestens die Wörter Geschäftsprozessmanagement, Geschäftsprozesse und Blockchain in dem Text einer Quelle vorkommen. Die drei Begriffe sind deshalb sehr wichtig, da sich das Thema der Arbeit auf die Ausführung von Geschäftsprozessen mithilfe einer Blockchain im Geschäftsprozessmanagement bezieht. Aufgrund der Wichtigkeit wurden die Begriffe mit einem AND-Operator verbunden. Die Abbildung 3-3 zeigt ein Venn-Diagramm, um die überlappenden Bereiche zu verdeutlichen. Die anderen Wörter sind mit einem OR-Operator versehen, da sie entweder Synonyme, Abkürzungen oder alternative Begriffe darstellen. Eine weitere Möglichkeit von Operatoren sind Wildcards. Wildcards ersetzen entweder beliebig viele oder genau ein Zeichen am Ende oder in der Mitte eines Begriffes. Die Anwendung ist besonders bei der Unterscheidung zwischen der britischen und amerikanischen Schreibweise hilfreich. Aber auch dann, wenn unterschiedliche Variationen eines Wortes gesucht werden(Booth et al., 2016, S. 118; Ridley, 2012, S. 57). Im Suchterm für die Überprüfung dieser Arbeit wurde ausschließlich ein Sternchen - * genutzt. Als Beispiel wurde im Suchalgorithmus ein Sternchen im Wort „cross-organi*ational" verwendet, aufgrund der verschiedenen Schreibweisen. Auch wurde beim Begriff „Geschäftsprozess* ausführ*" zwei Sternchen eingefügt, da es sich auf verschiedene Varianten des Begriffes beziehen kann, wie z. B. Geschäftsprozesse ausführen oder Geschäftsprozessausführung.

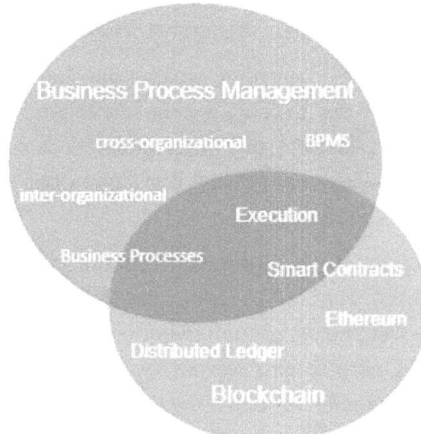

Abbildung 3-3: Grafische Darstellung der zusammenhängenden Begriffe

Wichtig ist es, bei der Nutzung der verschiedenen Suchmaschinen zu beachten, dass diese sich in der Art und Weise geringfügig unterscheiden können, wie Operatoren und Suchalgorithmen interpretiert werden. Daher muss unter Umständen der Suchalgorithmus an die Besonderheiten der Suchmaschinen angepasst werden. Aus diesem Grunde wurde in Anlage 1 eine Tabelle mit den unterschiedlichen Suchtermen, als auch die Datenbanken mit den entsprechenden Trefferergebnissen aufgelistet. Die Tabelle 3-2 zeigt die ursprünglichen Suchterme mit der Gesamtzahl von Treffern. Ferner ist erkennbar, dass der Suchterm aufgrund der sprachlichen Variationen der Quellen in einen *englischen* und in einen *deutschen* Term aufgespalten wurde. Bei der Suchabfrage wurde darauf geachtet, dass bei der Nutzung des deutschen Suchterms durch eine Einschränkung der Sprache nur deutsche Ergebnisse geliefert werden. Da das Thema „Blockchain Technologien im Geschäftsprozessmanagement" erst in jüngster Zeit aktuell wurde und die Arbeit darauf abzielt, den Stand der Forschung zu eruieren, anstatt sie zurückzuverfolgen, wurde zusätzlich der relevante Zeitraum für die Suche auf die Jahre 2016-2019 begrenzt. Die Literaturrecherche wurde am 02. August 2019 durchgeführt. Die Abfrage in den fünf Datenbanken ergab insgesamt 1.139 Ergebnisse, die den Anforderungen der Suchanfrage entsprachen.

Suchterm Deutsch	Suchterm Englisch
(Geschäftsprozess* OR GPM OR Prozessmanagement) AND ((Geschäftsprozess* ausführ* OR Geschäftsprozess* durchführ* OR Prozess* ausführ*) OR (Unternehmens-übergreifen* OR zwischenbetrieblich*) OR (Business Process Management System* OR BPMS)) AND (Blockchain (T*) OR Distributed Ledger (T*) OR DLT) OR (Ethereum OR Smart Contracts)	(Business Process Management OR BPM) AND ((Business Process*) OR (Business Process* execut* OR Process* execut*) OR (cross-organi*ational OR inter-organi*ational) OR (Business Process Management System* OR BPMS)) AND (Blockchain (T*) OR Distributed Ledger (T*) OR DLT) OR (Ethereum OR Smart Contracts)
Summe: 1.139	Datum der Abfrage: 02.08.2019

Tabelle 3-2: Suchalgorithmen und Endergebnissumme

Ist die Suchabfrage in den jeweiligen Datenbanken vollzogen, ist zu erwarten, dass die erhaltene Ergebnismenge eine große Anzahl von Artikeln enthält, die sich nicht mit dem definierten Forschungsbereich befassen. Deswegen ist es notwendig, die Suchergebnisse weiter zu filtern als auch Duplikate zu extrahieren. Dafür können Relevanzkriterien bestimmt und mit ihnen die gefundenen Quellen überprüft und ausgesondert werden. Die Kriterien werden anhand der Rahmenbedingungen der Suche abgeleitet. Wichtig ist es, diese so transparent wie möglich zu gestalten. Dazu wurden von jeder Publikation zuerst der Titel und dann der Abstract manuell überprüft. Enthielten die beiden Felder keinerlei Bezug zu Geschäftsprozessen und einer Blockchain, wurde die Publikation entfernt.

Beispielsweise wurden aufgrund des Titels die Artikel mit dem Titel „School-based tobacco prevention: the "BeSmart- Don't Start" program" (Isensee & Hanewinkel, 2018)aus der Web of Science Datenbank und „Daten sind das Öl der Zukunft" (Häcker & Bekelaer, 2019)aus der EBSCO Datenbank von der Abfrage eliminiert. Beide Arbeiten beziehen sich nicht auf den beabsichtigten Forschungsbereich und enthalten im Titel keinen der Suchbegriffe.Dagegen wurde die Publikation„Caterpillar: Abusinessprocessexecutionengine on theEthereumblockchain" (López-Pintado, Dumas, García-Bañuelos, Weber, & Ponomarev, 2019) aufgenommen, da der Titel dem Relevanzkriterium entsprach. Nach dem Lesen der Titel aller Artikel wurden 974 aussortiert.

Zusätzlich wurde der Artikel „Blockchain Adoption for Monitoring and Management of Enterprise Networks" (Helebrandt, Belluš, Ries, Kotuliak, & Khilenko, 2019) nach Lesen des Abstracts herausgenommen. In dem Artikel geht es zwar um die Architektur einer privaten Blockchain, jedoch handelte es sich dabei um eine Blockchain für die Überwachung und Verwaltung von Unternehmensnetzwerken und nicht von Geschäftsprozessen. 106 der Artikel wurden selektiert, nachdem der Abstract überprüft wurde.

Nach der Aussortierung verbleibt eine Liste von 59 Artikeln, die erneut überprüft werden müssen, indem die Einleitung gelesen wird. Dies soll einen näheren Einblick in die Inhalte ergeben. Nach der Lesung der Einleitungen wurden erneut Artikel aus der Liste ausgeschlossen. Weitere 37 Artikel konnten aufgrund ihrer Einleitung entfernt werden. Aus 59 Artikeln hat sich schließlich eine Liste mit 22 Artikeln ergeben, an denen eine Literaturanalyse und -synthese durchgeführt wird (Anlage 2).

Beim letzten Schritt der Literatursuche wird an den übrig gebliebenen Artikeln eine Vor- und Rückwärtssuche durchgeführt. Dadurch werden weitere relevante Dokumente gefunden, die von der Datenbankabfrage nicht zurückgegeben wurden. Bei dem Prozess der Vorwärtssuche werden zusätzlich Artikel analysiert, welche die bisher untersuchten Quellen referenziert haben. Dagegen werden bei der Rückwärtssuche, die Zitate der bereits gefundenen Artikel überprüft(Webster & Watson, 2002, S. xvi). Während dieses Prozesses ist besonders auffällig, dass fünf Artikel sehr häufig zitiert oder referiert wurden:

1. Optimized Execution of Business Processes on Blockchain (García-Bañuelos, Ponomarev, Dumas, & Weber, 2017)
2. Untrusted Business Process Monitoring and Execution Using Blockchain (Weber et al., 2016)
3. Caterpillar: A blockchain-based business process management system (López-Pintado, Dumas, García-Bañuelos, & Weber, 2017)
4. A Blockchain-based and resource-aware process execution engine (Sturm, Szalanczi, Schönig, & Jablonski, 2019) und
5. Lorikeet: A Model-Driven Engineering Tool for Blockchain-Based Business Process Execution and Asset Management (Tran, Lu, & Weber, 2018).

Es ist anzunehmen, dass die Autoren bereits Experten auf diesem Gebiet sind und erste Fundamente in der Forschung gesetzt haben. Durch den letzten Schritt wurden zusätzliche 15 Publikationen ausgewählt, welche in Anlage 2 aufgelistet sind.

Im Endergebnis werden 37 Arbeiten in die systematische Literaturrecherche mit einbezogen.Für diese Artikel wird in der vierten Phase eine detaillierte Inhaltsanalyse durchgeführt.

3.4 Literaturanalyse und -synthese

In der vierten Phase werden die identifizierten Artikel aus Phase 3 analysiert und synthetisiert. In diesem Unterkapitel wird nur das Vorgehen dafür beschrieben. Der Analyseprozess und die Resultate werden in Kapitel 4 dargestellt. Die Analyse verwendet die in der Einleitung erwähnte SQ3R-Methode. Diese Methode besteht aus fünf Schritten: Survey, Question, Read, Recall und Review.

Beim Survey wird der Text auf seine allgemeine Idee hin untersucht, um herauszufinden, welcher Part für die Überprüfung wichtig ist. Dafür werden Teile des Artikels überflogen, beispielsweise der Abstract, die Einleitung, die ersten und letzten Paragraphen des Kapitels und die ersten und letzten Sätze aller Paragraphen. Falls die Suche nach bestimmten Keywords erfolgt, kann der Text schneller gelesen werden, da es nur darauf ankommt, alle benötigten Details zu finden. Im Falle, dass die Artikel digital vorhanden sind, kann hierfür auch die Suchfunktion genutzt werden. Bei Büchern werden im Index einige Schlüsselwörter mit den entsprechenden Seitenzahlen aufgelistet. Wurden relevante Punkte gefunden, ist dieser Teil aufmerksam durchzulesen. Während der Text sorgfältig gelesen wird, werden im Rahmen des Untersuchungsschrittes „Question" der SQ3R-Methode Fragen ausgedacht, auf die der Text antworten soll. Dabei ist es hilfreich, sich Fragen zu den Informationen und Erfahrungen zu überlegen, die bereits über das Thema gesammelt wurden. Creme und Lea (2008) haben einige allgemeine Fragen formuliert, die die Relevanz des Inhaltes zur Forschung aufzeigen. Ferner können auch Fragen gestellt werden, um den Text kritisch zu hinterfragen und analytisch zu lesen.

1. In welcher Beziehung steht dieses Material zu anderen Quellen zum selben Thema?
2. Welche verwandten Argumente und Theorien werden durch das Lesen des Textesausgelöst?
3. Wie kann der Text für die Aufgabenstellung verwendet werden?

4. Was ist das zentrale Argument des Textes und warum sollte der Text gelesenwerden?
5. Welche Schlüsse werden im Text gezogen?
6. Welche Argumente und Beweise werden verwendet, um die gezogenen Schlüssezu unterstützen?

Als nächstes folgt das Read. Während des Lesens kann das Verbinden mit anderen Texten, die zuvor gelesen wurden, sowie mit dem eigenen Wissen hilfreich sein, um den Inhalt besser zu verstehen und zu verarbeiten. Zusätzlich ist es ratsam, sich Randbemerkungen und Notizen zu machen. Zum besseren Verständnis eines Textes kann mittels der Notizen ein Diagramm erstellt werden, das die Struktur des Textes und die Beziehungen der Informationen untereinander visualisiert. An dieser Stelle kann die Anfertigung einer Konzeptmatrix nach Webster und Watson (2002) nützlich sein. Dabei werden themenbezogene Konzepte in unterschiedliche Analyseeinheiten unterteilt, um spezielle Muster zu erkennen, welche die Literatur unterstützt. Ein Beispiel einer Konzeptmatrix ist in Tabelle 3-3 dargestellt. Nach dem Lesen aller Artikel wird die Literatur analysiert und synthetisiert, indem die identifizierten Konzepte besprochen werden. Dafür ist es notwendig, zuvor einen logischen Ansatz für die Gruppierung und Präsentation der Schlüsselkonzepte zu entwickeln. ImRecallwerden die wichtigsten Punkte des Textes nach dem Lesen rekapituliert. Je nach Quelle kann das Recall auch nach einzelnen Absätzen, Kapiteln etc. durchgeführt werden. Den letzten Schritt bildet das Review. Hierbei wird der Text bezüglich der angefertigten Fragen dahingehend untersucht, ob diese beantwortet wurden, als auch wie sich der Inhalt in die Forschung einbeziehen lässt(Creme & Lea, 2008, S. 64f; Ridley, 2012, S. 63ff; Webster & Watson, 2002, S. xvi-xviii).

Artikel	Konzepte				
	A	B	C	D	...
1		x	x		x
2	x	x			
...			x	x	

Tabelle 3-3: Konzeptmatrix
(Webster & Watson, 2002, S. xvii)

3.5 Forschungsagenda

Aus der Literaturanalyse und -synthese wird eine Forschungsagenda abgeleitet. Bei der Forschungsagenda werden detailliertere und aufschlussreichere Fragen für die weitergehende Recherche formuliert. Dabei bilden die Fragen die Basis, um die Literaturanalyse zu erweitern und stets auf den neuesten Stand zu bringen.Eine Möglichkeit besteht darin, die Forschungsagenda anhand der Konzeptmatrix von Webster und Watson (2002) zu entwickeln (Webster & Watson, 2002, S. xvii). Eine andere Herangehensweise bietet Bodemer und Ruggeri (2012). Sie schlagen eine Strategie vor, wie man Forschungsfragen oder Probleme formuliert: Nämlich, indem die Wissenschaft zu den Grundlagen zurückkehrt. Damit ist gemeint, dass die reale Welt beobachtet und untersucht werden soll, um dann auf Ereignisse zu stoßen, die einen faszinieren. Zusätzlich betonen sie, dass bei der Findung von Forschungsfragen häufig zu sehr auf Theorien als Basis zurückgegriffen wird, um zu definieren, was richtig und falsch ist. Das hat zur Folge, dass reale Probleme vernachlässigt und Perspektiven und Methoden eingeschränkt werden (Bodemer & Ruggeri, 2012, S. 1439).

4 Analyse

4.1 Quantitative Analyse

Zu Beginn wurde eine quantitative Analyse durchgeführt, um einen ersten Eindruck zu verschaffen. Dazu wurde im Rahmen des Surveys nach Keywords in den Publikationen gesucht. Die Keywords wurden mit Hilfe des Suchterms, der Conzept Map als auch mit den Schlagwörtern der einzelnen Quellen gesammelt. Das Ergebnis der Untersuchung sind 20 ausgewählte Keywords in Abbildung 4-1, die nach ihrer Erscheinungshäufigkeit gegliedert sind. Der Platzhalter hinter den Begriffen bedeutet, dass auch die Pluralform in die Häufigkeit mit eingerechnet wurde. Aus dieser Darstellung lassen sich einige Schwerpunkte sowie Unterthemen vermuten. Aufgrund der Fokussierung dieser Arbeit auf die Blockchain Technologie, ist dieses Schlagwort auch am häufigsten vertreten. Die Keywords lassen sich in drei Gruppen untergliedern: Blockchain Technologie, BPM als auch eigenständige Wörter. In der Gruppe der Blockchain Technologie wurden die Schlüsselwörter „Blockchain", „Smart Contract", „Ethereum", „Choreography" und „Distributed Ledger" am häufigsten verwendet. Zu der BPM Gruppe gehören unter anderem die Begriffe „Business Process", „Supply Chain", „Business Process Management (BPM)" und „Process Execution". In dieser Zusammenstellung ist zu erkennen, dass BPMS eher einen geringen Anteil in den Artikeln ausmacht und selten erwähnt wird. Ferner werden operative Themen mehr besprochen als strategische. Die Häufigkeit der Begriffe „Transaction" und „Costs" bestätigen, dass in den Publikationen der Austausch von abstrakten Werten und konkreten Wirtschaftsobjekten ein zentrales Thema ist. Es ist wahrscheinlich, dass etwa die Kosten Optimierung ein Unterthema darstellen könnte. Beide Begriffe können auf die Blockchain Technologie sowie auf BPM bezogen werden. Ein weiteres Hauptthema sind Wortgruppen von Prozesskonzepten. Das Schlagwort „Process" bekam 3.738 Treffer. In Abbildung 4-2 wird gezeigt, nach welchen verschiedenen Wortgruppen gesucht und wie oft diese in den Titeln und Texten der Quellen erwähnt wurden. So lässt sich erkennen, dass „Business Process", „Business Process Management" und „Process Model" häufig herausgegriffen wurden. 1.465 Treffer können zu anderen Wortkombinationen aus Process oder dem einzelnen Wort zugeordnet werden. Dasselbe Vorgehen wurde mit dem Begriff „Structure" durchgeführt, welches in Abbildung 4-3 zu sehen ist. Das Wort „Structure" hat eine Erscheinungshäufigkeit von 140, von denen 42 auf Datenstrukturen zurückgehen.

Weitere Schlagwörter unterhalb der 20 in der Rangordnung sind unter anderem „Model-Driven Engineering" mit 49, „Orchestration" mit 21 und „Organizational Perspective" mit 16 Treffern.

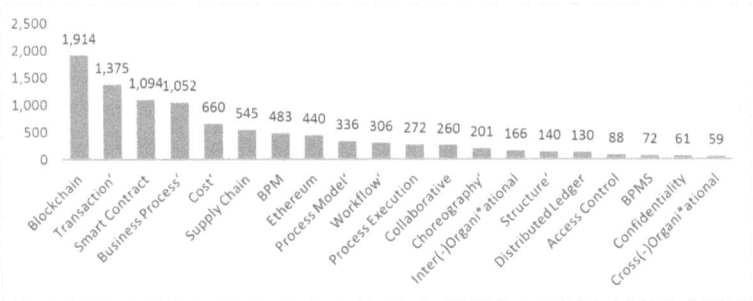

Abbildung 4-1: Rangliste der 20 ausgewählten Keywords

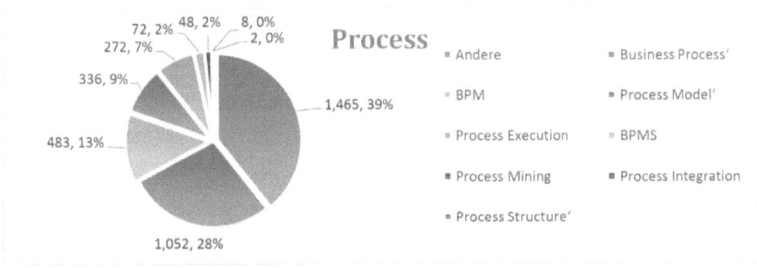

Abbildung 4-2: Wortgruppe aus Prozesskonzepten

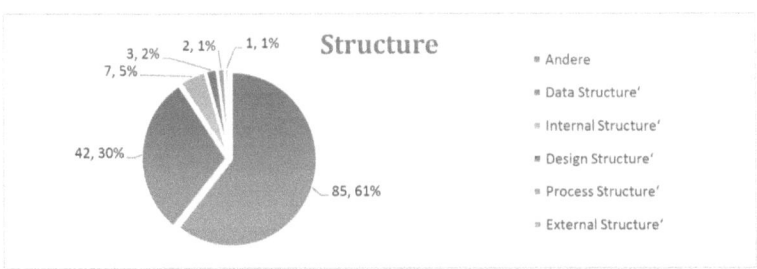

Abbildung 4-3: Wortgruppe aus Strukturkonzepten

4.2 Qualitative Analyse

Nach der quantitativen Auswertung der Ergebnisse wurde eine qualitative Überprüfung der 37 identifizierten Artikel durchgeführt. Im Gegensatz zur quantitativen Bewertung konzentriert sich die qualitative Bewertung auf die persönliche Überprüfung der Artikel und deren Ergebnisse. Beim Lesen der Publikationen wurde darauf geachtet, dass der Text auf die in Kapitel 3.4 aufgestellten Fragen antwortet. Parallel zu der SQ3R-Methode, wird in diesem Schritt wieder Bezug auf die Taxonomie von Cooper (1988) genommen (Cooper, 1988, S. 107ff; Ridley, 2012, S. 63ff). In Kapitel 3.1 wurde das Ziel für die Review definiert, das die Grundlage für die Fragen darstellt. Das Ziel der Analyse und der Synthese ist es, die Inhalte der Arbeiten zusammenzufassen und daraus zentrale Themen zu ermitteln, als auch sie miteinander zu vergleichen. Die Erreichung des Zieles wird in den Schritten Recall und Review gemeinsam erörtert.

Im Sinne des Untersuchungsschrittes Read der SQ3R-Methode wurden alle 37 Quellen ausführlich durchgelesen, eingehend untersucht und währenddessen Notizen zu jeder Quelle aufgeschrieben (Ridley, 2012, S. 63ff). Anhand dieser Notizen wurde eine Konzeptmatrix nach Webster und Watson (2002) angefertigt, welche auch in Bezug auf die Taxonomie von Cooper (1988) steht (Cooper, 1988, S. 107ff; Webster & Watson, 2002, S. xvii). Hier wurde das Merkmal Organisation miteinbezogen, wobei die Klasse konzeptionell ausgewählt wurde. Daraus folgt, dass nur die Einheiten betrachtet werden, die ein gemeinsames Konzept verfolgen. Die Konzeptmatrix wird in Anlage 4 dargestellt. Die Matrix zeigt auf der linken Seite die Autoren der überprüften Artikel und auf der rechten Seite die unterschiedlichen Konzepte. Die Konzepte symbolisieren die Themen, die in den Artikeln verwendet werden. Beispielsweise wurden in den Quellen ein Application-Programming-Interface (API) häufiger und die Softwareentwicklungsmethode Model-driven Engineering (MDE) weniger genutzt. Falls der Autor in seiner Arbeit eines oder mehrere der aufgelisteten Konzepte angewendet hat, wurde an dieser Stelle ein Kreuz gesetzt. Anhand der Matrix kann herausgefiltert werden, welche Konzepte sehr häufig genutzt wurden. Somit kann eine Forschungslücke identifiziert werden.

Die Konzeptmatrix macht sichtbar, dass mehr als die Hälfte der Autoren auf die Ethereum-Blockchain zurückgegriffen haben und weniger die Hyperledger-Blockchain. Außerdem haben nur zwei Artikel, nämlich die von Haarmann (2019) und Prybila, Schulte, Hochreiner, & Weber (2017), die Bitcoin-Blockchain verwendet (Haarmann, 2019; Prybila, Schulte, Hochreiner, & Weber, 2017). Bei der Nutzung der Ethereum-Blockchain wurde in den meisten Fällen die Programmiersprache Solidity angewendet, um die Smart Contracts zu entwickeln. Darüber hinaus wird ersichtlich, dass knapp die Hälfte der Autoren in ihren Arbeiten die Modellierungssprache BPMN nutzen, um damit ihre Prozesse und Arbeitsabläufe zu modellieren und zu dokumentieren. Ferner kompilieren sie das BPMN-Prozessmodell in Solidity-Smart-Contracts. Weiterhin sind Latenz und Kosten Konzepte, die häufig besprochen werden und in Bezug auf die Ausführung der Ereignisse in der Blockchain entstehen. Die Häufigkeit der Kosten in der Konzeptmatrix kann zusätzlich durch die Quantitative Analyse in Kapitel 4.1 bestätigt werden. Unter dem Konzept Use Case werden verschiedene Anwendungen zusammengefasst, die die Autoren benutzt haben, um ihre Ergebnisse zu eruieren und zu stützen. Infolgedessen fallen unter dem Begriff Use Case die Konzepte Framework, Prototyp, Fallstudie, Experiment und Case Study zusammen. Die Konzeptmatrix zeigt auch, dass nur 11 Autoren keine der erwähnten Möglichkeiten genutzt haben. Diese Autoren beziehen sich wahrscheinlich auf andere Autoren oder sie beschäftigen sich mit theoretischen Aspekten wie Vor- und Nachteile der Blockchain oder deren Herausforderungen.

Im letzten Schritt der SQ3R-Methode wird im Rahmen des Recall und Review das Ziel der Literaturrecherche durchgeführt (Ridley, 2012, S. 63ff). Hierbei werden die wichtigsten Punkte, Gemeinsamkeiten und Unterschiede, sowie die Resultate der Publikationen besprochen, um die aufgeworfenen Fragen zu beantworten.

Beim Lesen hat sich gezeigt, dass acht Artikel sich auf die Nutzung einer Blockchain im Supply Chain konzentrieren, um die Ausführung der Geschäftsprozesse in der Lieferkette zu unterstützen. Davon haben drei Artikel sich auf eine SWOT-Analyse gestützt, um Vor- und Nachteile, sowie Herausforderungen und Möglichkeiten einer Blockchain im Supply Chain zu präsentieren.

Die Autoren Wang, Han, & Beynon-Davies (2018) haben ebenfalls eine systematische Literaturrecherche durchgeführt, im Kontext dazu, wie die Blockchain Technologie die künftigen Praktiken und Richtlinien der Lieferkette beeinflussen können. Im Artikel werden die Herausforderungen und Möglichkeiten definiert, als auch wie eine Blockchain-basierte Lieferkette konfiguriert werden sollte. Auf die Möglichkeiten, die in dem Artikel dargestellt werden, beziehen sich folgende vier Bereiche: erweiterte Transparenz und Rückverfolgbarkeit, Digitalisierung und Disintermediation der Lieferkette, verbesserte Datensicherheit und die Nutzung von Smart Contracts. Tönnissen & Teuteberg (2018) haben dagegen

Experteninterviews durchgeführt, um daraus Informationen über Herausforderungen und wahrgenommene Vorteile der Blockchain Technologie zu gewinnen. Das Hauptthema der Interviews war die Einbeziehung von Rohstoffverarbeitungsmaschinen in der Industrie 4.0. Die Autoren konzentrieren sich auf die Integration einer Blockchain in bestehende Enterprise Resource Planning Systeme (ERPs). Das Resümee der Interviews zeigt, dass die Blockchain Technologie das Potenzial hat, die Geschäftsprozesse zu verbessern und die Transparenz zu erhöhen. Ebenfalls kann die Verwendung von Smart Contracts zahlreiche Prozessschritte automatisieren. Allerdings hat die Analyse der Interviews auch ergeben, dass das geforderte Vertrauen zwischen den Geschäftspartnern ein Hindernis darstellt. Im Gegensatz zu Wang, Han, & Beynon-Davies (2018) kommen Tönnissen & Teuteberg (2018) zu dem Schluss, dass die Befragten sich unsicher sind, einer solchen Technologie aufgrund des enormen Speicherverbrauches als auch wegen der Ressourcenintensität zu vertrauen (Tönnissen & Teuteberg, 2018; Wang, Han, & Beynon-Davies, 2018). Perboli, Musso, & Rosano (2018) zeigen in ihrem Artikel sowohl die kritischen Aspekte der Implementierung einer Blockchain-Lösung als auch wie die Blockchain zur Reduzierung der Logistikkosten und zur Optimierung der Abläufe und der Forschungsherausforderungen einen Beitrag leisten kann. Zum einen wird darauf hingewiesen, dass die Technologie hohe Einrichtungskosten hat, was gerade für kleine und mittelständige Unternehmen nachteilig ist. Zum anderen gehen die Autoren auf die Möglichkeiten ihres Einsatzes in der Logistik ein und behandeln auch den Aspekt der Skalierbarkeit. Um die Ergebnisse des Artikels zu stützen, haben Perboli, Musso, & Rosano (2018) eine Standardmethode für die Entwicklung von Anwendungsfällen für die Blockchain Technologie entworfen. Das Ergebnis der Blockchain-Lösung zeigt, dass die Kosten für die Implementierung der Blockchain im Verhältnis zu der Leistung sehr vorteilhaft ist. Dies resultiert aus der Erhöhung der Inbound-Effizienz und aus der Verringerung der Verschwendungen an Gütern. Perboli, Musso, & Rosano (2018) nennen als wichtigstes Problem die Notwendigkeit, alle beteiligten Akteure mit einzubeziehen. Ferner kann der Austausch von Informationen entlang der gesamten Blockchain zu Trägheit bei der Übernahme der Lösung führen (Perboli, Musso, & Rosano, 2018).

Weitere fünf von den acht Artikeln haben ebenfalls ein Blockchain-basiertes Modell entwickelt, um die Supply Chain zu unterstützen. Drei Autoren von ihnen gehen auf die Rückverfolgbarkeit ein. Ferner geht der Ansatz von Silva, Guerreiro, & Sousa (2019) auf das Problem mangelnder Kontrolle und die

Rückverfolgbarkeit in kollaborativen Geschäftsprozessen ein. Dieser verknüpft DEMO-Geschäftstransaktionskonzepte mit Hyperledger Composer-Konzepten, um ein Metamodell der Integrationskonzeptualisierung bereitzustellen (Silva, Guerreiro, & Sousa, 2019). Das Ziel von di Ciccio et al. (2018) ist es, die vollständige Rückverfolgbarkeit der Laufzeitumsetzung zu gewährleisten. Für die Codierung der Supply Chain Geschäftsprozessmodelle in ausführbare Solidity-Programme greifen sie auf das Caterpillar Tool zurück. Um die Nachverfolgung der Prozessinstanzen zu ermöglichen, haben di Ciccio et al. (2018) ein Verfahren zur Unterscheidung der Prozessinstanzen vorgestellt (di Ciccio et al., 2018).

Härer (2018) hat ebenfalls einen Ansatz ausgearbeitet, der die Erstellung von Modellen für organisationsübergreifende Geschäftsprozesse in einer dezentralen Umgebung als auch die Nachverfolgung von Prozessinstanzen mithilfe von Metadaten ermöglicht. Im Artikel wird vorgeschlagen, semi-formale Modelle zu verwenden, die über Smart Contracts mit der Blockchain verbunden sind. Vorteilhaft für die Nutzung von semi-formalen Modellen ist die Darstellung des Domänenwissens durch Konzepte der Domäne, welche so präzise sein können, wie es die Domäne verlangt. Der Ansatz erfordert drei Kernkomponenten: das Modellierungssystem, das Kollaborationssystem und das Instanzverfolgungssystem (Härer, 2018).

Die Intension von Dolgui et al. (2019) war es, ein Modell zu entwerfen, das einen ereignisgesteuerten dynamischen Ansatz für die Aufgaben- und Servicezusammensetzung bei der Gestaltung der Smart Contracts bildet. Weiterhin soll die Nutzung von Statuskontrollvariablen die Aktualisierungen des Betriebsstatus ermöglichen. Ein besonderes Merkmal des Ansatzes ist, dass die Ausführung physischer Operationen innerhalb des Startes und der Fertigstellung von Cyber-Informationsdienste modelliert wird. Dolgui et al. (2019) heben hervor, dass die durchgeführte Studie die erste ist, welche eine Planungssteuerungsmethode auf Blockchain-basierter Smart Contracts im Supply Chain anwendet. Die grundlegende Idee dieses Modells ist die Kombination von kontinuierlicher Optimierung durch optimale Steuerung und diskreter Optimierung durch mathematische Programmierung (Dolgui et al., 2019). Der letzte der acht Autoren schlägt ein Framework vor für das Blockchain-orientierte Qualitätsmanagement in der Lieferkette. Chen et al. (2017) geht auf drei Herausforderungen ein: Eigeninteressen der Mitglieder der Lieferkette, Informationsasymmetrie in den Produktionsprozessen, Kosten und Einschränkungen bei den Qualitätsprüfungen. Das Framework besteht aus vier Schichten, die auf verschiedenen Funktionen basieren. Die unterste Schicht ist die Internet of Things (IoT)-Sensorschicht. Die zweite Schicht impliziert die Datenschicht, einschließlich der Blockchain und des sicher verteilten Hauptbuches. Die dritte Schicht stellt die Vertragsschicht dar und die oberste Schicht das Business Layer. Durch das Framework sind die Akteure in der Lage, Probleme rechtzeitig zu entdecken und diese zu behandeln. Durch die Verwendung von Smart Contracts wird der Zugriff auf die Daten als auch die automatische Ausführung der Prozesse gesteuert (Chen et al., 2017).

Weiter hat es sich herausgestellt, dass sich ein Artikel auf die Governance in der Blockchain Technologien bezieht. Der Autor van Wingerde (2019) gibt dies als Forschungslücke an und hat hierzu eine Studie durchgeführt. Mit dem Entwurf eines Blockchain-basierten Interorganizational Business Process (IOBP)-Governance-Frameworks wird das Ziel verfolgt, eine Grundlage für die organisationsübergreifende Steuerung von Geschäftsprozessen in Blockchain-basierten Netzwerken zu schaffen (van Wingerde, 2019). Ein anderer Autor untersucht, ob die Blockchain Technologie eine Lösung für die Herausforderung der Transparenz der unternehmensübergreifenden Geschäftsprozesse multinationaler Unternehmen darstellt. Dafür haben Tönnissen & Teuteberg (2019) ein Artefakt entwickelt, das Ereignisdaten generiert, basierend auf der Integration systemübergreifender Prozesse. Dieses Artefakt wurde durch Befragung von Experten bewertet (Tönnissen & Teuteberg, 2019).

Egelund-Müller, Elsman, Henglein, & Ross (2017) stellen in ihrer Arbeit eine Lösung für das Finanzvertragsmanagement dar, welche in der Ethereum-Blockchain implementiert ist. Die Autoren schlagen eine Architektur zur Trennung der Vertragsbedingungen von der Vertragsausführung vor. Weiterhin wird auf sechs Aufgaben und Fragen eingegangen, die noch offen sind. Unter anderem auf die Implementierung von Prototypen auf andere Blockchain-Arten(Egelund-Müller, Elsman, Henglein, & Ross, 2017). Im Artikel von Raikwar et al. (2018) wird eine Blockchain Plattform konzipiert, die als Systemdienst zur Unterstützung der Transaktionsausführung in Versicherungsprozessen dienen soll. Die Hauptanliegen sind die Transaktionsbearbeitungszeit, die Zahlungsabwicklungszeit sowie der Sicherheitsschutz der Prozessausführung. Das Ergebnis der Analyse der Latenz ergibt, dass die Netzwerkgröße proportional zur Bestätigungszeit verläuft. Das heißt, je höher die Anzahl der Knoten ist, desto mehr Bearbeitungszeit wird beansprucht (Raikwar et al., 2018).

Acht Publikationen diskutieren die Vorteile, Herausforderungen und Möglichkeiten meist anhand ihrer entwickelten Modelle. Während Mendling (2018), Amaral de Sousa & Burnay (2019) und Pourheidari, Rouhani, & Deters (2018) in ihren Artikeln auf Herausforderungen und Vorteile der Blockchain Technologie eingehen, stellen die anderen fünf Autoren ihre Modelle vor und beschreiben die daraus resultierenden Ergebnisse. Zu den allgemeinen Herausforderungen werden folgende Probleme aufgelistet: Durchsatz, Latenz, Bandbreite, Sicherheit, Benutzerfreundlichkeit, Ressourcenverschwendung und der Umgang mit Festplattengabeln. Darüber hinaus werden sieben spezifische Herausforderungen besprochen, darunter Ausführungs- und Überwachungssysteme, Analyse- und Engineering-Techniken und die Neugestaltung von Prozessen. Im Zusammenhang des BPM-Lebenszyklus werden die Vorteile der Blockchain Technologie erörtert (Amaral de Sousa & Burnay, 2019; Mendling, 2018; Pourheidari, Rouhani, & Deters, 2018). Mercenne, Brousmiche, & Hamida (2018) haben in ihrer Arbeit ein Framework auf der Grundlage von Caterpillar erstellt, um die Generierung und Automatisierung von rollenbasierten Geschäftsabläufen auf Ethereum-orientierten Blockchains zu ermöglichen. Sie gehen in Bezug auf ihr Framework auf die Entwicklungszeit, der Gaseffizienz, die Benutzererfahrung und der Ausführungsüberprüfung ein. Gas ist die Einheit in Ethereum, die bezahlt wird, damit die virtuelle Maschine den Befehl ausführt (Mercenne, Brousmiche, & Hamida, 2018). Dagegen hat Miloslavskaya (2018) den Entwurf eines Blockchain-basierten SIEM 3.0-Systems vorgestellt. SIEM entwickelte sich aus Security Information Management (SIM) und Security Event Management (SEM) und stellt die Schlüsselfunktionen Erfassung, Normalisierung, Korrelation, Aggregation und Berichterstattung von Protokollen bereit. Ferner werden in dem Artikel die Vorteile einer Blockchain für das SIEM 3.0 System aufgezeigt. Zum Beispiel die Ereignisaufzeichnung in Echtzeit oder der Nachweis der Identität und Authentizität der Datenquelle (Miloslavskaya, 2018). Nakamura, Miyamoto, & Kudo (2018) haben eine Methode entworfen, um die Herausforderungen bei der Verwaltung zu lösen, welche sich aus den organisationsübergreifenden Prozessen mit der Blockchain ergeben. Sie erläutern ihre Methode, die ein einzelnes Geschäftsprozessmodell in mehrere Zustandsdiagramme umwandelt, die generierten Zustandsdiagramme optimiert und Smart Contracts sowie Teilnehmeranwendungen aus den Zustandsdiagrammen generiert (Nakamura, Miyamoto, & Kudo, 2018). Zuletzt haben Yu et al. (2017) Herausforderungen diskutiert, die sich auf die Erstellung von Smart Contracts beziehen. Zusätzlich definieren sie eine Vorgehensweise, diese Herausforderungen zu bearbeiten. Nach Analyse vorhandener Smart Contract-Techniken wurde eine eigene prozessorientierte Smart Contract-Technik vorgeschlagen.

Innerhalb dieser Technik dürfen nur die Knoten, die über Berechtigungen verfügen, den Blockerstellungsprozess verifizieren und abstimmen. Darüber hinaus wurde ein Pipeline-Modell vorgeschlagen, das Blöcke überprüfen und parallel erstellen kann (Yu et al., 2017).

Lediglich zwei von den 37 Publikationen konzentrieren sich auf die Laufzeitdauer von Geschäftsprozessen. Prybila, Schulte, Hochreiner, & Weber (2017) haben als Ziel, die Eignung der Bitcoin-Blockchain als Vertrauensbasis für eine dezentrale Laufzeitverifikation für das Choreographie-orientierte BPM zu ermitteln. Die Auswertung der Laufzeitüberprüfung hat eine mittlere Transaktionsbestätigungszeit von 7,74 Minuten ergeben. Außerdem geben sie an, dass die Dauer der Bitcoin-Transaktionsbestätigung ungefähr exponentiell verteilt ist. Ihr Ansatz eignet sich besonders für langlaufende Prozesse (Prybila et al., 2017). Haarmann (2019) verwendet Simulationstechniken um die Dauer von Blockchain-orientierter interorganisatorischer Prozesse zu analysieren. In dem Artikel wird auf die Diffusionszeit, die Interblockzeit und die Bestätigungszählung eingegangen. Der Autor kommt zu dem Schluss, dass die Dauer jedes Schrittes hauptsächlich von der Blockchain und dem zugrundeliegenden Netzwerk abhängig ist. Die Verbreitung von Transaktionen dauern in Bitcoin und Ethereum nur wenige Sekunden. Dagegen dauert das Hinzufügen eines neuen Blocks in Bitcoin 10 Minuten und in Ethereum nur 15 Sekunden, was ein exorbitanter Unterschied ist (Haarmann, 2019).

Von den untersuchten Quellen haben fünf Artikel über Sicherheitsprobleme und dem Mangel an Vertrauen berichtet, die bei der Ausführung von Geschäftsprozessen in der Blockchain aufkommen können. Carminati, Rondanini, & Ferrari (2018a) heben in ihrer Überprüfung fünf Sicherheitsprobleme hervor und nennen dafür sechs Lösungsvorschläge. Die Sicherheitsprobleme umfassen: Data integrity, Data confidentiality, Confidentiality of the process, trust in the correct execution of the process und Data provenance. Für jedes dieser Probleme geben sie einen Überblick über die neuesten Vorschläge. Unter anderem Privacy-preserving smart contract computation, selective access to smart contract data und Oracle correct flow. Diese Lösungen wurden hauptsächlich entworfen, aufgrund der Öffentlichkeit der Blockchain-Daten (Carminati, Ferrari, & Rondanini, 2018a). Um auf einen vertrauenswürdigen Dritten zu verzichten, haben Sturm, Szalanczi, Schönig, & Jablonski (2018) die Architektur eines Blockchain-basierten Prozessausführungssytems mit Smart Contracts vorgeschlagen. In ihrer Programmstruktur wurden zusätzliche Software-Artefakte weggelassen, womit eine vollständige Ausführung in der Kette gewährleistet werden kann. Sie haben ihren Ansatz analysiert, indem sie Alternativen verglichen haben und zusätzlich auf die Ausführungskosten, auf den Aspekt der Privatsphäre und der Sicherheit eingegangen sind. Um den Vertrauensmangel zu beseitigen, wurde die dezentrale Datenspeicherung in Verbindung mit dem Konsensmechanismus und die Verkettung der Prozesslogik besprochen.In dem Artikel „A Blockchain-based and resource-aware process execution engine" entwickeln die Autoren ihren Ansatz weiter. Sie haben ihre Architektur um Konzepte zur Einbeziehung der Organisationsperspektive des multiperspektiven Prozessmodells anhand der Anpassung von Workflow-Ressourcenmuster erweitert. Nach der Veränderung ist die Methode nicht nur manipulationssicher, sondern auch hoch skalierbar und berücksichtigt zudem die in der Organisationsperspektive erfassten Mitarbeiter. Darüber hinaus gehen sie auf zukünftige Verbesserungen ein, die sich auf das Prozessmodell, die Ausdruckskraft, die Sicherheit und die Kosten beziehen (Sturm, Szalanczi, Schönig, & Jablonski, 2018; Sturm et al., 2019).

Von den fünf Artikeln gehen zwei zusätzlich auf die Kosten der Prozessausführung ein. Carminati, Rondanini, & Ferrari (2018b) schlagen in ihrer neueren Publikation vor, einen Smart Contract zu generieren, in dem alle vertraulichen Daten, verschlüsselt werden. Damit wollen sie die Vertraulichkeit von Daten während der Geschäftsprozessausführung auch in Gegenwart eines nicht vertrauenswürdigen Oracle sicherstellen. Sie nutzten dafür ein homomorphes Verschlüsselungsschema. Zur Berechnung der Kosten haben sie zwei Experimente durchgeführt. Im zweiten Experiment messen sie für die Ausführung eines Geschäftsprozesses, welcher aus 33 Serviceaufrufen mit jeweils 4 Parametern besteht, eine Kostenspanne von 0,016-0,12 Ethern für den vertraulichen Smart Contract (Carminati, Ferrari, & Rondanini, 2018b). Um das Problem des Vertrauens zu lösen, haben Weber et al. (2016) eine Technik entwickelt, die die Blockchain so in die Choreographie von Prozessen integriert, damit keine zentrale Autorität benötigt wird und das Vertrauen erhalten bleibt. Dies gelingt, indem sie einen Geschäftsprozess auf eine Peer-to-Peer-Ausführungsinfrastruktur abbilden, in der die Transaktionen in der Blockchain gespeichert werden. In Bezug zu den Kosten wurden in einer öffentlichen Ethereum-Blockchain 32 Prozessinstanzen mit insgesamt 256 Transaktionen ausgeführt. Sie kamen zu dem Ergebnis, dass die Bereitstellung des Werkvertrags 0,032 Ether und jeder Durchlauf des Incident-Management-Prozesses durchschnittlich 0,0347 Ether kostete. Ferner gehen sie auf die Dauer für das Mining ein. Sie messen eine effektive mittlere Zielzeit zwischen den Blöcken von 14,4 Sekunden. Die mittlere Latenz in einer öffentlichen Ethereum-Blockchain betrug 23 Sekunden, dagegen erreichen sie in dem privaten Fast-Setting von Weber et al. (2016) nur 2,8 Sekunden. Schlussendlich bietet eine öffentliche Blockchain höhere Vertrauenswürdigkeit, jedoch geht das zu Lasten der Kosten und der Latenzzeiten (Weber et al., 2016).

García-Bañuelos, Ponomarev, Dumas, & Weber (2017) haben in ihrer Arbeit eine Methode präsentiert, welche zur korrekten Ausführung von Prozessinstanzen verwendet werden kann. Die Methode kann BPMN-Prozessmodelle in einen Solidity-Smart-Contract kompilieren, in dem es vorher in ein minimiertes Petri-Netz übersetzt wird. Die Arbeit wird als Verbesserung des früheren Artikels „Untrusted business process monitoring and execution using blockchain" von Weber et al. (2016) dargestellt. Ziel der Optimierung gilt speziell dem Bereich der Initialisierungskosten für Prozessinstanzen, der Taskausführungskosten durch eine platzoptimierte Datenstruktur und den verbesserten Laufzeitkomponenten für maximalen Durchsatz. Das Resultat der Arbeit ist, dass der Gasverbrauch, die Anzahl der Vorgänge zur Ausführung eines Prozessschrittes und die Initialisierungskosten verringert werden konnten. Zusätzlich ergab es einen erheblich höheren Durchsatz im Vergleich zu der vorherigen Arbeit. Trotz all dem führt die Kostenreduzierung auch zu einem Verlust an Flexibilität. In einer weiteren Arbeit haben López-Pintado, García-Bañuelos, Dumas, & Weber (2019a) ein Rollenbindungsmodell und eine Sprache für die verbindliche Richtlinienspezifikation entworfen, mit denen kollaborative Geschäftsprozesse in öffentlichen und nicht vertrauenswürdigen Umgebungen unterstützt werden. Ferner wurde ein Ansatz konzipiert, welcher Richtlinien zu einem ausführbaren Code transformiert. Diese Methode wurde in Caterpillar implementiert. Zur Evaluierung der Durchsetzungskosten wurden sieben verschiedene Experimente mit unterschiedlichen Ergebnissen durchgeführt. Jedoch zeigt die Auswertung, dass die Durchsetzungskosten für Bereitstellungs- und Laufzeitrichtlinien linear mit der Anzahl der Rollen und der Komplexität der Einschränkungen steigen (García-Bañuelos et al., 2017; López-Pintado, Dumas, García-Bañuelos, & Weber, 2019a; Weber et al., 2016).

Die Autoren Rimba et al. haben in ihrer Arbeit von 2017 als auch in der Erweiterung von 2018 die Kosten für die Berechnung und Speicherung der Geschäftsprozessausführung in einer Blockchain mit einem Cloud-Service verglichen. Bei ihrer Überprüfung haben sie abschließend die Durchsatzskalierbarkeitsgrenzen als auch Kompromisse zwischen den Kosten und anderen Eigenschaften analysiert. Für den Incident-Management-Prozess wurde auf die Ergebnisse aus dem Artikel von Weber et al. (2016) zurückgegriffen. Das durchlaufende

Experiment ergibt, dass die Kosten in der Ethereum-Blockchain zwei Größenordnungen höher sind als in Amazon SWF. Für die Prozesse lagen die durchschnittlichen Kosten pro Prozessinstanz bei 0,33 USD gegenüber 0,0013 USD für die Fakturierung und 0,36 USD gegenüber 0,0010 USD für das Incident-Management.

Jedoch müssten die Kosten mit den aktuellen Wechselkursen abgeglichen werden (Rimba et al., 2017, 2018; Weber et al., 2016).

Weiter haben drei Dokumente ihre unterschiedlich entwickelten Methoden vorgestellt, die zur Blockchain-fähigen Ausführung von Geschäftsprozessen dient. Madsen et al. (2018) zeigen, wie die Ausführung verteilter deklarativer Workflows als Smart Contracts implementiert werden können. Dies gelingt unter Verwendung der objektorientierten Programmiersprache Solidity und der Semantik der Prozessausführung von DCR-Diagrammen. Die Ziele der Implementierung sind zum einen die Korrektheit der Workflows und zum anderen eine unumstößliche Aufzeichnung des Workflow-Ausführungsverlaufes. Das DCR-Diagramm umfasst Ereignisse sowie die Beziehungen untereinander und gibt einen Arbeitsablauf an, bei dem die Ereignisse die Aktivitäten des Arbeitsablaufes sind. Auch Madsen et al. (2018) sprechen die Betriebskosten von Ethereum an und analysieren diese in Bezug auf ihre Implementierung. Sie schlagen vor, einen Einzelvertrag zu implementieren, in dem alle Workflows gehostet werden. Damit fällt der Aufwand für die Vertragserstellung nur einmal an, wodurch die Kosten entscheidend reduziert werden (Madsen et al., 2018). López-Pintado, García-Bañuelos, Dumas, & Weber (2019b) und Falazi, Hahn, Breitenbücher, & Leymann (2019) haben in ihrem Dokument auf BPMN zurückgegriffen. In der weiteren Arbeit von López-Pintado, García-Bañuelos, Dumas, & Weber (2019b) basiert ihr Tool diesmal nicht auf einen BPMN-to-Solidity-Compiler, sondern auf einen BPMN-Interpreter, welcher eine raumoptimierte Darstellung von Prozessmodellen als Eingabe verwendet. Dies soll die Bereitstellungskosten reduzieren, weil der Smart Contract nur einmal bereitgestellt werden muss. Die Autoren haben wie zuvor ihr Tool auf Caterpillar implementiert, sodass Caterpillar nun einen kompilierten als auch einen interpretierten Ausführungsansatz bereitstellt. Die Architektur des Tools, die außerdem noch die Erstellung, Überwachung und die dynamische Aktualisierung der Prozessinstanzen unterstützt, folgt der Version von Caterpillar. Zum Ende des Dokumentes werden noch die Gaskosten untersucht (López-Pintado, Dumas, García-Bañuelos, & Weber, 2019b). In dem Dokument von Falazi, Hahn, Breitenbücher, & Leymann (2019) wird eine Erweiterung von BPMN vorgestellt, die sie als BlockME-Methode bezeichnen.

Darüber hinaus demonstrieren sie, wie die Erweiterungen in standardkonforme BPMN 2.0-Prozessfragmente konvertiert werden können. Außerdem entwickelten sie einen Blockchain Access Layer. Dieser ermöglicht die Kommunikation zwischen einer öffentlichen Blockchain und externen Anwendungen. Der Blockchain Access Layer wurde in Anbetracht von vier Zielen entworfen, um die Unterstützung im Umgang mit Blockchain-Unsicherheiten und die aktive Bereitstellung von Lösungen zu ermöglichen. Die Architektur der Methode umfasst eine Blockchain-Schicht, eine Blockchain-Zugriffsschicht und eine Blockchain-fähige Prozessschicht (Falazi, Hahn, Breitenbücher, & Leymann, 2019).

Während der Untersuchung der 37 Publikationen ist wiederholt aufgefallen, dass sehr viele Autoren bei der Entwicklung ihrer Methoden auf Caterpillar zurückgreifen. Daher wird nun auf die zwei Arbeiten eingegangen, welche Caterpillar vorstellen. Caterpillar ist eine Blockchain-basierte BPMN-Ausführungs-Engine, die über die Ethereum-Blockchain ausgeführt wird. Das System ermöglicht die Erstellung der Prozessinstanzen als auch diese zu überwachen und Aufgaben davon auszuführen. In dem Artikel wird detailliert auf die Entwurfsprinzipien, die Architektur und die Implementierung eingegangen und zeigt eine Beschreibung einer Zuordnung von BPMN zu Solidity, welches das gesamte Angebot der BPMN-Konstrukte abdeckt. Der Kern von Caterpillar besteht aus den Modulen Compiler Tools, Execution Engine, Event Monitor, Workitem Manager und Repositorys für Prozessmodelle, Metadaten, Serviceschnittstellen und Laufzeitdaten. Bei dieser Version kann jede Partei den Ausführungsstatus einer Prozessinstanz aufgrund eines generischen Arbeitslisten-Handler ändern, der keinen Zugriffskontrollmechanismus implementiert hat. Die Evaluation des Ansatzes zeigt, dass dieser zwar für realistische Prozessmodelle geeignet ist, jedoch nicht auf sehr große Prozessmodelle skaliert werden kann. Dafür ist es notwendig, auf eine Consortium-Blockchain zurückzugreifen, die einen höheren Durchsatz ermöglicht. Neben der Machbarkeit und Korrektheit wurden auch die Kosten des Systems analysiert. Sie zeigen eine Aufstellung der Kosten für die Instanziierung der Prozesse und die Laufzeitkosten (López-Pintado et al., 2017; López-Pintado, Dumas, García-Bañuelos, Weber, et al., 2019).

Das Gegenstück von Caterpillar ist Lorikeet, das in der Literatur einen hohen Stellenwert besitzt. Der Unterschied ist jedoch, dass Lorikeet ein MDE-Tool ist, mit dem aus Geschäftsprozessmodellen und Registrierungsdatenschemata automatisch Smart Contracts erstellt werden können. Mit dem Tool können in der Blockchain Geschäftsprozesse implementiert werden, um Assets zu verwalten. Lorikeet enthält den Registrierungseditor Regenerator und implementiert die

BPMN-Übersetzungsalgorithmen aus den bereits vorgestellten Artikeln von García-Bañuelos, Ponomarev, Dumas & Weber (2017) als auch Weber, Xu, Riveret, Governatori, Ponomarev & Mendling (2016). Mit dieser Methode werden die Herausforderungen bezüglich der Integration von Asset Management und Geschäftsprozessinteraktionen in der Blockchain bewältigt. Die Architektur besteht zum einem aus einer Benutzerschnittstellenmodellierung, die eine Web Applikation für die Benutzer darstellt, mit der Geschäftsprozesse und Registrierungsmodelle erstellt werden können. Zum anderen aus drei Back-End-Komponenten einschließlich dem BPMN-Translator, Registry generator und Blockchain trigger. Diese Komponenten stützen sich auf einer Microservice-orientierten Architektur und werden unabhängig voneinander als Docker-Container bereitgestellt. Ein Docker-Container enthält eine Anwendung, aber auch alle Ressourcen, die diese zur Laufzeit benötigt. Abschließend wird Lorikeet anhand eines Anwendungsfalls demonstriert (García-Bañuelos et al., 2017; Tran et al., 2018; Weber et al., 2016).

Der letzte Artikel dieser Untersuchung hat sich zur Aufgabe gemacht, die beiden Tools (Caterpillar und Lorikeet) miteinander zu vergleichen. Die Gemeinsamkeiten der beiden Tools sind unter anderem die Sicherstellung von kollaborativen Geschäftsprozessen, welche einem bestimmten BPMN-Prozessmodell entsprechen. Dies gelingt unter Ausnutzung der besonderen Funktionen der Blockchain Technologie. Ferner ist es möglich, ein BPMN-Prozessmodell in einen Solidity-Smart-Contract zu kompilieren. Der Unterschied ist hierbei, dass Caterpillar zusätzlich vordefinierte Laufzeitkomponenten zusammen mit dem kompilierten Code zur Verfügung stellt. Außerdem konzentriert sie die Version auf Kontrollflussaspekte. Dagegen deckt Lorikeet das Asset Management ab, um den Zugriff auf Vorgänge und Daten einzuschränken. Letzteres zeigt, dass Caterpillar beinahe die Kontrollflussperspektive von BPMN vollständig erfüllt, während Lorikeet dies nur eingeschränkt anbietet. Anschließend gehen die Autoren auf Probleme und weiter zu untersuchenden Aspekte ein. Eines der wichtigsten Probleme ist die Verbindung zwischen realen Objekten und dem digitalen Raum von Blockchains. Andere Probleme bei Blockchains sind die Definition eines Rahmens für die Integration in Prozessen und die Abstrahierung des Designs von der Implementierung der Smart Contracts (di Ciccio et al., 2019).

5 Fazit

Das Geschäftsprozessmanagement dient zur zielgerichteten Steuerung der Geschäftsprozesse und hilft den Unternehmen bei der Erreichung strategischer und operativer Ziele (Schmelzer & Sesselmann, 2013, S. 6). Um diese Vorgehensweise zu unterstützen, bietet sich die Nutzung des Prozessmanagement-Lebenszyklus an (Bayer & Kühn, 2013, S. 12). Die Blockchain Technologie bietet dem Geschäftsprozessmanagement unter anderem aufgrund des mangelnden Vertrauens beim Datenaustausch eine Lösung an, aber auch bei Realisation von organisationsübergreifenden Prozessen (Mendling et al., 2017). Die Blockchain Technologie wird als eine dezentrale Datenbank angesehen, die ein manipulationssicheres Geschäftsbuch erstellt. Die Transaktionen werden in Blöcken gespeichert, welche einheitlich als Kette in die Blockchain geschrieben werden. Somit haben alle Nutzer denselben Datenbestand, unabhängig davon, wo sie sich befinden (Burgwinkel, 2016, S. 3-6). Bei der Ausführung von Geschäftsprozessen innerhalb der Blockchain spielen Smart Contracts eine große Rolle. Smart Contracts sind digitale selbstausführende Verträge, welche auf der Wenn-Dann-Regel beruhen. In einem Smart Contract sind alle Rechte und Pflichten aufgeführt und informiert die Beteiligten in Echtzeit, wenn eine definierte Bedingung ausgeführt wird (Schiller, 2018).

In dieser Arbeit wurde eine State-of-the-Art-Analyse durchgeführt, um den aktuellen Stand der Forschung zu ermitteln als auch Forschungsfelder und -lücken zu identifizieren. Die Analyse bezieht sich auf das Themengebiet der Blockchain Technologie im Geschäftsprozessmanagement und speziell darauf, wie diese die Ausführung der Geschäftsprozesse unterstützen kann. Die Arbeit wurde so aufgebaut, dass zuerst ein umfassender Überblick über das Geschäftsprozessmanagement und die Blockchain Technologie gegeben wurde. Danach wurde die Methodik erklärt und auf die Aufgabenstellung dieser Arbeit angewandt. Die Methodik folgt den vorgeschlagenen Richtlinien von vom Brocke et al. (2009) und beinhaltet einschließlich der Literatursuche fünf Schritte (vom Brocke et al., 2009, S. 2212). Abschließend wurde die Literaturanalyse und -synthese durchgeführt, indem 37 Publikationen untersucht, zusammengefasst und untereinander verglichen wurden.

Die Analyse ergab, dass viele Autoren eigene Systeme, Tools oder Methoden entwickeln, um die Ausführung der Geschäftsprozesse zu unterstützten. Die Gründe und der Nutzen dieser Entwicklungen als auch die Architektur und ihrer Implementierung sind alle unabhängig voneinander entstanden. Aufgrund der

Tatsache, dass häufig auf Caterpillar zurückgegriffen wird, kann das System als Grundlage genutzt werden. Es besteht die Möglichkeit die vorhandenen Tools und Methoden zu erweitern, beispielsweise die Funktionalität auf mehreren Blockchain-Systemen oder neuen Funktionen und Erweiterungen der Konstrukte einzubinden. Das Caterpillar System kann auf diese Weise modifiziert werden, indem es auf sehr große Prozessmodelle skaliert wird. Außerdem nutzt Caterpillar Off-Chain Daten, dadurch wird auf manipulationssichere und signierte Aufzeichnungen zwischen Prozessabläufen und Datenflüssen verzichtet. Der Grund liegt darin, dass die Ausführung außerhalb der Blockchain stattfindet. Als klare Forschungslücke wurde die organisationsübergreifende Governance erkannt.

Die Blockchain Technologie bringt dem Geschäftsprozessmanagement eine Reihe von Vorteilen. Zum einen kann die Transparenz und die Rückverfolgbarkeit von organisationsübergreifenden Geschäften erhöht werden. Zum anderen wird durch die digitale Signatur ein gewisses Maß an Sicherheit geboten. Auch die Verwendung von Smart Contracts ermöglicht es, die Prozesse zu automatisieren. Ferner eine Echtzeitprozessaufzeichnung, eine Verbesserung der Verarbeitung und Abwicklung von Geschäftsprozessen und den Verzicht auf einen vertrauenswürdigen Dritten umzusetzen. Die Überprüfung der Artikel zeigen neben den Möglichkeiten auch die Herausforderungen, die noch angegangen werden müssen. Diese Herausforderungen beziehen sich größtenteils auf die Kosten, die Skalierbarkeit, die Latenz, den Durchsatz und dem Vertrauen unter den Geschäftspartnern. Eine öffentliche Blockchain besteht in Verbindung mit höheren Kosten, einer höheren Latenz und einer niedrigen Skalierbarkeit. Im Gegenzug bietet die Blockchain ein höheres Vertrauen. Die Private oder Consortium Blockchain ermöglicht dagegen, eine niedrige Latenz, höheren Durchsatz, weniger Kosten und höhere Skalierbarkeit. Nachteilig ist dieser Art von Blockchain jedoch die geringere Flexibilität und eine geschwächte Manipulationssicherheit. Diese Problemstellungen müssen in zukünftigen Arbeiten gelöst werden. Das richtige Konzipieren von Smart Contracts kann unter anderem den Mangel an Vertrauen beheben. Auch die Implementierung von Einzelverträgen, bei denen nur ein Index für den Geschäftsprozess verwendet wird, kann die Kosten reduzieren.

Diese Untersuchung hat ergeben, dass die Blockchain Technologie noch am Anfang ihrer Entwicklung steht, und es vor allem neuer innovativer technischer wie methodischer Lösungen bedarf, um die gesamte Prozessabwicklung zu optimieren. Insbesondere werden neue Richtlinien für den Datenschutz oder den

Speicherverbrauch erforderlich sein. Auch die Anwendungsbereiche Internet, Produktion, Energie, Finanzen, Gesundheits- und Staatswesen müssen weiter in ihrer Multiplizität erforscht werden, damit sie von dieser neuen Technologie profitieren können. Die bisher unabhängig entwickelten Modelle und Methoden lösen stets nur Teilaufgaben. Es wird also darauf ankommen, eine einheitliche kompatible Technologie der zu integrierenden Vorteile sehr unterschiedlicher Konzepte und ihrer Modelle aus den heterogenen und divergenten Lösungsansätzen für die Nutzung der Blockchain bei Geschäftsprozessen sowohl für global operierende Konzerne als auch für Mittelstandsunternehmen oder Behörden zu entwickeln.

Literaturverzeichnis

Abou Jaoude, J., & George Saade, R. (2019). Blockchain applications - Usage in different domains. *IEEE Access, 7,* 45360–45381. https://doi.org/10.1109/ACCESS.2019.2902501

Amaral de Sousa, V., & Burnay, C. (2019). Towards an integrated methodology for the development of blockchain-based solutions supporting cross-organizational processes. In *13th International Conference on Research Challenges in Information Science.* Brussels, Belgium.

Amberg, M., Bodendorf, F., & Möslein, K. (2011). *Wertschöpfungsorientierte Wirtschaftsinformatik.* Heidelberg: Springer-Verlag.

Arksey, H., & O'Malley, L. (2005). Scoping studies: Towards a methodological framework. *International Journal of Social Research Methodology: Theory and Practice, 8*(1), 19–32. https://doi.org/10.1080/1364557032000119616

Bayer, F., & Kühn, H. (2013). *Prozessmanagement für Experten. Prozessmanagement für Experten.* Springer Verlag. https://doi.org/10.1007/978-3-642-36995-7

Becker, J., Kugeler, M., & Rosemann, M. (2012). *Prozessmanagement.* Springer Berlin Heidelberg.

Becker, J., Mathas, C., & Winkelmann, A. (2009). *Geschäftsprozessmanagement. Knowledge and Process Management* (Vol. 2006). Springer Berlin Heidelberg. https://doi.org/10.1002/kpm

Bodemer, N., & Ruggeri, A. (2012). Finding a good research question, in theory. *Science, 335*(6075), 1439. https://doi.org/10.1126/science.336.6081.541-b

Booth, A., Sutton, A., & Papaioannou, D. (2016). *Systematic approaches to a successful Literatur Review.* (M. Steele, Ed.) (Second Edi). Sage Publications Ltd.

Burgwinkel, D. (2016). *Blockchain Technology: Einführung für Business- und IT Manager.* Berlin/ Boston: Walter de Gruyter GmbH.

Carminati, B., Ferrari, E., & Rondanini, C. (2018a). Blockchain as a platform for secure inter-organizational business processes. In *4th IEEE International Conference on Collaboration and Internet Computing, CIC 2018* (S. 122–129). https://doi.org/10.1109/CIC.2018.00027

Carminati, B., Ferrari, E., & Rondanini, C. (2018b). Confidential Business Process Execution on Blockchain. In *2018 IEEE International Conference on Web Services* (S. 58–65). https://doi.org/10.1109/ICWS.2018.00015

Casino, F., Dasaklis, T. K., & Patsakis, C. (2019). A systematic literature review of blockchain-based applications: Current status, classification and open issues. *Telematics and Informatics, 36*(November 2018), 55–81. https://doi.org/10.1016/j.tele.2018.11.006

Chen, S., Shi, R., Ren, Z., Yan, J., Shi, Y., & Zhang, J. (2017). A Blockchain-Based Supply Chain Quality Management Framework. In *The Fourteenth IEEE International Conference on e-Business Engineering* (S. 172–176). https://doi.org/10.1109/ICEBE.2017.34

Cooper, H. M. (1988). Organizing knowledge syntheses: A taxonomy of literature reviews. *Knowledge in Society, 1*(1), 104–126. https://doi.org/10.1007/BF03177550

Creme, P., & Lea, M. R. (2008). *Writing at University - A guide for students* (3rd ed.). Open University Press.

di Ciccio, C., Cecconi, A., Dumas, M., García-Bañuelos, L., López-Pintado, O., Lu, Q., … Weber, I. (2019). Blockchain Support for Collaborative Business Processes. *Informatik-Spektrum, 42*(3), 182–190. https://doi.org/10.1007/s00287-019-01178-x

di Ciccio, C., Cecconi, A., Mendling, J., Felix, D., Haas, D., Lilek, D., … Uhlig, P. (2018). Blockchain-Based Traceability of Inter-organisational Business Processes. In B. Shishkov (Hsg.), *Business Modeling and Software Design - 8th International Symposium* (S. 56–68). https://doi.org/10.1007/978-3-030-24854-3

Dolgui, A., Ivanov, D., Potryasaev, S., Sokolov, B., Ivanova, M., & Werner, F. (2019). Blockchain-oriented dynamic modelling of smart contract design and execution in the supply chain. *International Journal of Production Research*. https://doi.org/10.1080/00207543.2019.1627439

Egelund-Müller, B., Elsman, M., Henglein, F., & Ross, O. (2017). Automated Execution of Financial Contracts on Blockchains. *Business & Information Systems Engineering, 59*(6), 457–467. https://doi.org/10.1007/s12599-017-0507-z

Falazi, G., Hahn, M., Breitenbücher, U., & Leymann, F. (2019). Modeling and execution of blockchain-aware business processes. *SICS Software-Intensive Cyber-Physical Systems, 34*, 105–116. https://doi.org/10.1007/s00450-019-00399-5

Gadatsch, A. (2017). *Grundkurs Geschäftsprozess-Management*. Springer Verlag. https://doi.org/10.1007/978-3-658-17179-7

García-Bañuelos, L., Ponomarev, A., Dumas, M., & Weber, I. (2017). Optimized Execution of Business Processes on Blockchain. In J. Carmona, G. Engels, & A. Kumar (Hsg.), *Business Process Management - 15th International Conference* (S. 130–146).

Haarmann, S. (2019). Estimating the duration of blockchain-based business processes using simulation. In *11th Central European Workshop on Services and their Composition* (S. 24–31).

Haber, S., & Stornetta, W. S. (1991). How to Time-Stamp a Digital Document. *Journal of Cryptology, 3*(2), 99–111. https://doi.org/10.1007/BF00196791

Häcker, J., & Bekelaer, F. (2019). Daten sind das Öl der Zukunft. *Die Bank, 4*, 50–54.

Härer, F. (2018). Decentralized Business Process Modeling and Instance Tracking Secured by a Blockchain. In *Twenty-Sixth European Conference on Information Systems (ECIS2018)* (S. 11–28). Retrieved from https://aisel.aisnet.org/ecis2018_rp/55

Hein, C., Wellbrock, W., & Hein, C. (2019). *Rechtliche Herausforderungen von Blockchain-Anwendungen – Straf-, Datenschutz- und Zivilrecht*. Springer Gabler. https://doi.org/10.1007/978-3-658-24931-1

Helebrandt, P., Belluš, M., Ries, M., Kotuliak, I., & Khilenko, V. (2019). Blockchain Adoption for Monitoring and Management of Enterprise Networks. In *2018 IEEE 9th Annual Information Technology, Electronics and Mobile Communication Conference, IEMCON 2018* (S. 1221–1225). https://doi.org/10.1109/IEMCON.2018.8614960

IEEE Xplore - About IEEE Xplore. (n.d.). Retrieved July 30, 2019, from https://ieeexplore.ieee.org/xpl/aboutUs.jsp

Isensee, B., & Hanewinkel, R. (2018). Tabakprävention im Setting Schule am Beispiel von „Be Smart – Don't Start". *Bundesgesundheitsblatt - Gesundheitsforschung - Gesundheitsschutz*, *61*(11), 1446–1452. https://doi.org/10.1007/s00103-018-2825-9

Kalinov, V., & Voshmgir, S. (2017). Blockchain A Beginners guide. *BlockchainHub*, 1–57. Retrieved from https://s3.eu-west-2.amazonaws.com/blockchainhub.media/Blockchain+Technology+Handbook.pdf

Konstantinidis, I., Siaminos, G., Timplalexis, C., Zervas, P., Peristeras, V., & Decker, S. (2018). Blockchain for business applications: A systematic literature review. *Lecture Notes in Business Information Processing*, *320*, 384–399. https://doi.org/10.1007/978-3-319-93931-5_28

Levac, D., Colquhoun, H., & O'Brien, K. K. (2010). Scoping studies: Advancing the methodology. *Implementation Science*, *5*(69), 1–9. https://doi.org/10.1186/1748-5908-5-69

Li, Y., Marier-Bienvenue, T., Perron-Brault, A., Wang, X., & Paré, G. (2018). Blockchain Technology in Business Organizations: A Scoping Review. *Proceedings of the 51st Hawaii International Conference on System Sciences*, *9*, 4474–4483. https://doi.org/10.24251/hicss.2018.565

López-Pintado, O., Dumas, M., García-Bañuelos, L., & Weber, I. (2017). Caterpillar: A blockchain-based business process management system. *CEUR Workshop Proceedings*, *1920*, 1–5.

López-Pintado, O., Dumas, M., García-Bañuelos, L., & Weber, I. (2019a). Dynamic Role Binding in Blockchain-Based Collaborative Business Processes. In P. Giorgini & B. Weber (Hsg.), *Advanced Information Systems Engineering - International Conference, CAiSE 2019* (Vol. 31, S. 399–414). https://doi.org/10.1007/3-540-59498-1

López-Pintado, O., Dumas, M., García-Bañuelos, L., & Weber, I. (2019b). *Interpreted Execution of Business Process Models on Blockchain.* Retrieved from http://arxiv.org/abs/1906.01420

López-Pintado, O., Dumas, M., García-Bañuelos, L., Weber, I., & Ponomarev, A. (2019). *Caterpillar: A business process execution engine on the Ethereum blockchain. Software - Practice and Experience*. https://doi.org/10.1002/spe.2702

Madsen, M. F., Gaub, M., Høgnason, T., Kirkbro, M. E., Slaats, T., & Debois, S. (2018). Collaboration among Adversaries: Distributed Workflow Execution on a Blockchain. *Symposium on Foundations and Applications of Blockchain (FAB '18)*.

Manning, M., Sutton, M., & Zhu, J. (2016). Distributed Ledger Technology in securities clearing and settlement: Some issues. *JASSA The Finsia Journal of Applied Finance*, (3), 1–9.

Mendling, J. (2018). Towards Blockchain Support for Business Processes. In B. Shishkov (Hsg.), *Business Modeling and Software Design - 8th International Symposium* (S. 243–248).

Mendling, J., Weber, I., van der Aalst, W., Brocke, J. vom, Cabanillas, C., Daniel, F., ... Zhu, L. (2017). Blockchains for Business Process Management - Challenges and Opportunities. Retrieved from http://arxiv.org/abs/1704.03610

Mercenne, L., Brousmiche, K. L., & Hamida, E. Ben. (2018). Blockchain Studio: A Role-Based Business Workflows Management System. In *2018 IEEE 9th Annual Information Technology, Electronics and Mobile Communication Conference, IEMCON 2018* (S. 1215–1220). https://doi.org/10.1109/IEMCON.2018.8614879

Merkle, R. C. (1979). *Secrecy, authentication and public key systems. Information Systems Laboratory*. Stanford University.

Miloslavskaya, N. (2018). Designing blockchain-based SIEM 3.0 system. *Information & Computer Security*, 302–316.

Nakamoto, S. (2008). *Bitcoin: A Peer-to-Peer Electronic Cash System*. https://doi.org/10.1007/s10838-008-9062-0

Nakamura, H., Miyamoto, K., & Kudo, M. (2018). Inter-organizational Business Processes Managed by Blockchain. In H. Hacid, W. Cellary, H. Paik, H. Wang, & R. Zhou (Hsg.), *Web Information Systems Engineering – WISE 2018* (S. 3–17). https://doi.org/10.1007/978-3-540-85200-1

Neugebauer, R. (2018). *Digitalisierung: Schlüsseltechnologien für Wirtschaft und Gesellschaft. Fraunhofer-Forschungsfokus*. Springer Vieweg. https://doi.org/10.1007/978-3-662-55890-4_1

Perboli, G., Musso, S., & Rosano, M. (2018). Blockchain in Logistics and Supply Chain: A Lean Approach for Designing Real-World Use Cases. *IEEE Access, 6*, 62018–62028. https://doi.org/10.1109/ACCESS.2018.2875782

Pinna, A., & Ruttenberg, W. (2016). Distributed ledger technologies in securities post-trading Revolution or evolution? *ECB Ocassional Paper*, (172), 1–12. https://doi.org/10.2866/270533

Pourheidari, V., Rouhani, S., & Deters, R. (2018). A Case Study of Execution of Untrusted Business Process on Permissioned Blockchain. *2018 IEEE International Conference on Internet of Things (IThings) and IEEE Green Computing and Communications (GreenCom) and IEEE Cyber, Physical and Social Computing (CPSCom) and IEEE Smart Data (SmartData)*, 1588–1594. https://doi.org/10.1109/Cybermatics

Prybila, C., Schulte, S., Hochreiner, C., & Weber, I. (2017). Runtime verification for business processes utilizing the Bitcoin blockchain. *Future Generation Computer Systems*. https://doi.org/10.1016/j.future.2017.08.024

Raikwar, M., Mazumdar, S., Ruj, S., Sen Gupta, S., Chattopadhyay, A., & Lam, K. Y. (2018). A Blockchain Framework for Insurance Processes. In *9th IFIP International Conference on New Technologies, Mobility and Security (NTMS)* (S. 1–4). https://doi.org/10.1109/NTMS.2018.8328731

Ridley, D. (2012). *The Literature Review A Step-by-step Guide for Students*. London, UK: Sage Publications Ltd.

Rimba, P., Tran, A. B., Weber, I., Staples, M., Ponomarev, A., & Xu, X. (2017). Comparing Blockchain and Cloud Services for Business Process Execution. In *2017 IEEE International Conference on Software Architecture* (S. 257–260). https://doi.org/10.1109/ICSA.2017.44

Rimba, P., Tran, A. B., Weber, I., Staples, M., Ponomarev, A., & Xu, X. (2018). Quantifying the Cost of Distrust: Comparing Blockchain and Cloud Services for Business Process Execution. *Information Systems Frontiers*. https://doi.org/10.1007/s10796-018-9876-1

Rowley, J., & Slack, F. (2004). Conducting A Literature Review. *Management Research News*, 27(6), 31–39. https://doi.org/10.1097/00005721-198803000-00020

Schiller, K. (2018). Was sind Smart Contracts? Retrieved June 29, 2019, from https://blockchainwelt.de/smart-contracts-vertrag-blockchain/

Schlatt, V., Schweizer, A., Urbach, P. D. N., & Fridgen, P. D. G. (2016). Blockchain: Grundlagen, Anwendungen und Potenziale. *Projektgruppe Wirtschaftsinformatik Des Fraunhofer-Instituts Für Angewandte Informationstechnik FIT*, 1–52. Retrieved from https://www.fit.fraunhofer.de/content/dam/fit/de/documents/Blockchain_WhitePaper_Grundlagen-Anwendungen-Potentiale.pdf

Schmelzer, H. J., & Sesselmann, W. (2013). *Geschäftsprozessmanagement in der Praxis*. Hanser-Verlag.

Schütte, J., Fridgen, G., Prinz, W., Rose, T., Urbach, N., Hoeren, T., … Kreutzer, M. (2017). Blockchain - Technologien , Forschungsfragen und Anwendungen. *Fraunhofer Blockchain Positionspapier*, 1–39. Retrieved from https://www.aisec.fraunhofer.de/content/dam/aisec/Dokumente/Publikationen/Studien_TechReports/deutsch/FhG-Positionspapier-Blockchain.pdf

Silva, D., Guerreiro, S., & Sousa, P. (2019). Decentralized Enforcement of Business Process Control Using Blockchain. In *Enterprise Engineering Working Conference 2018* (Vol. 334, S. 66–87). https://doi.org/10.1007/978-3-030-06097-8

Springer Link. (n.d.). Retrieved July 30, 2019, from https://link.springer.com/

Strohmeier, S. (2008). *Informationssysteme im Personalmanagement*. Vieweg+Teubner Verlag. https://doi.org/10.1007/978-3-8348-9475-5

Sturm, C., Szalanczi, J., Schönig, S., & Jablonski, S. (2018). A Lean Architecture for Blockchain Based Decentralized Process Execution. In F. Daniel, H. Motahari, & Q. Z. Sheng (Hsg.), *Business Process Management Workshops - BPM 2018 International Workshops* (S. 361–373). https://doi.org/10.1007/978-3-642-00328-8

Sturm, C., Szalanczi, J., Schönig, S., & Jablonski, S. (2019). A Blockchain-based and resource-aware process execution engine. *Future Generation Computer Systems*, *100*, 19–34. https://doi.org/10.1016/j.future.2019.05.006

Szabo, N. (1996). Smart Contracts: Building Blocks for Digital Markets. Retrieved June 22, 2019, from http://www.fon.hum.uva.nl/rob/Courses/InformationInSpeech/CDROM/Literature/LOTwinterschool2006/szabo.best.vwh.net/smart_contracts_2.html

Tönnissen, S., & Teuteberg, F. (2018). Using Blockchain Technology for Business Processes in Purchasing – Concept and Case Study-Based Evidence. In W. Abramowicz & A. Paschke (Hsg.), *Business Information Systems - 21st International Conference* (S. 253–264). https://doi.org/10.1007/978-3-319-93931-5_6

Tönnissen, S., & Teuteberg, F. (2019). Using Blockchain Technology for Cross-Organizational Process Mining – Concept and Case Study. In W. Abramowicz & R. Corchuelo (Hsg.), *Business Information Systems - 22nd International Conference* (S. 121–131). https://doi.org/10.1007/978-3-030-20482-2

Tran, A. B., Lu, Q., & Weber, I. (2018). Lorikeet: A Model-Driven Engineering Tool for Blockchain-Based Business Process Execution and Asset Management. In *Proceedings of the Dissertation Award and Demonstration, Industrial Track at BPM 2018* (S. 56–60).

van Wingerde, M. (2019). Towards inter-organizational business process governance through blockchain. In *Proceedings of the Dissertation Award, Doctoral Consortium, and Demonstration Track at BPM 2019* (S. 85–90).

Viriyasitavat, W., Da Xu, L., Bi, Z., & Sapsomboon, A. (2018). Blockchain-based business process management (BPM) framework for service composition in industry 4.0. *Journal of Intelligent Manufacturing*, 1–12. https://doi.org/10.1007/s10845-018-1422-y

Viriyasitavat, W., Xu, L. Da, Bi, Z., & Pungpapong, V. (2019). Blockchain and Internet of Things for Modern Business Process in Digital Economy - the State of the Art. *IEEE Transactions on Computational Social Systems*, 1–13. https://doi.org/10.1109/TCSS.2019.2919325

vom Brocke, J., Simons, A., Niehaves, B., Niehaves, B., Reimer, K., Plattfaut, R., & Cleven, A. (2009). Reconstructing the Giant: On the importance of rigour in documenting the Literature search Process. European Conference of Information Systems (ECIS), 9, 2206–2217. Retrieved from http://aisel.aisnet.org/ecis2009/161

Wang, Y., Han, J. H., & Beynon-Davies, P. (2018). Understanding blockchain technology for future supply chains: a systematic literature review and research agenda. Supply Chain Management: An International Journal, 62–84. https://doi.org/10.1108/SCM-03-2018-0148

Web of Science - Web of Science Group. (n.d.). Retrieved July 30, 2019, from https://clarivate.com/webofsciencegroup/solutions/web-of-science/

Weber, I., Xu, X., Riveret, R., Governatori, G., Ponomarev, A., & Mendling, J. (2016). Untrusted Business Process Monitoring and Execution Using Blockchain. In M. La Rosa, P. Loos, & O. Pastor (Hsg.), Business process management 14th International Conference Proceedings (S. 329–347). https://doi.org/10.1016/j.datak.2005.02.003

Webster, J., & Watson, R. T. (2002). Analyzing the past to prepare for the future : Writing a literature review Reproduced with permission of the copyright owner . Further reproduction prohibited without permission . MIS Quarterly, 26(2), xiii–xxiii. https://doi.org/10.5465/AMR.1989.4308371

Wüst, K., & Gervais, A. (2018). Do you need a Blockchain? Crypto Valley Conference on Blockchain Technology, (i), 45–54. https://doi.org/10.1109/CVCBT.2018.00011

Yu, L., Tsai, W. T., Li, G., Yao, Y., Hu, C., & Deng, E. (2017). Smart-Contract Execution with Concurrent Block Building. 2017 IEEE Symposium on Service-Oriented System Engineering Smart-Contract, 160–167. https://doi.org/10.1109/SOSE.2017.33

Anlagen

Anlagen

Datenbank	Treffer Deutsch	Treffer Englisch	Suchterm Deutsch	Suchterm Englisch
EBSCO	3	224	(TI Geschäftsprozess* OR KW GPM OR TI Prozessmanagement) AND ((TI Geschäftsprozess* ausführ* OR TI Geschäftsprozess* durchführ* OR TI Prozess* ausführ*) OR (TI Unternehmens-übergreifen* OR TI zwischenbetrieblich*) OR (TI Business Process Management System* OR KW BPMS)) AND (TI Blockchain (T*) OR TI Distributed Ledger (T*) OR KW DLT) OR (TI Ethereum OR TI Smart Contracts) (AB Geschäftsprozess* OR AB Prozessmanagement) AND ((AB Geschäftsprozess* ausführ* OR AB Geschäftsprozess* durchführ* OR AB Prozess* ausführ*) OR (AB Unternehmens-übergreifen* OR AB zwischenbetrieblich*) OR (AB Business Process Management System*)) AND (AB Blockchain (T*) OR AB Distributed Ledger (T*)) OR (AB Ethereum OR AB Smart Contracts)	(TI Business Process Management OR KW BPM) AND ((TI Business Process*) OR (TI Business Process* execut* OR TI Process* execut*) OR (TI cross-organi*ational OR TI inter-organi*ational) OR (TI Business Process Management System* OR KW BPMS)) AND (TI Blockchain OR TI Distributed Ledger OR KW DLT) OR (TI Ethereum OR TI Smart Contracts)) OR (AB Business Process Management) AND ((AB Business Process*) OR (AB Business Process* execut* OR AB Process* execut*) OR (AB cross-organi*ational OR AB inter-organi*ational) OR (AB Business Process Management System*)) AND ((AB Blockchain OR AB Distributed Ledger) OR (AB Ethereum OR AB Smart Contracts))
Emerald Insight	109	110	(((Geschäftsprozess* OR GPM OR Prozessmanagement) AND ((Geschäftsprozess* ausführ* OR Geschäftsprozess* durchführ* OR Prozess* ausführ*) OR (Unternehmens-übergreifen* OR zwischenbetrieblich*) OR (Business Process Management System* OR BPMS)) AND (Blockchain (T*) OR Distributed Ledger (T*) OR DLT) OR (Ethereum OR Smart Contracts) in All except Full text)	((Business Process Management OR BPM) AND ((Business Process*) OR (Business Process* execut* OR Process* execut*) OR (cross-organi*ational OR inter-organi*ational) OR (Business Process Management System* OR BPMS)) AND (Blockchain (T*) OR Distributed Ledger (T*) OR DLT) OR (Ethereum OR Smart Contracts) in All except Full text)

64

Anlagen

Datenbank	Treffer Deutsch	Treffer Englisch	Suchterm Deutsch	Suchterm Englisch
Web of Science	1	349	(Geschäftsprozess* OR GPM OR Prozessmanagement) AND ((Geschäftsprozess* ausführ* OR Geschäftsprozess* durchführ* OR Prozess* ausführ*) OR ((Unternehmens-übergreifen*) OR (zwischenbetrieblich*)) OR (Business Process Management System* OR BPMS)) AND ((Blockchain OR Distributed Ledger OR DLT)) OR (Ethereum OR Smart Contracts)	(Business Process Management OR BPM) AND ((Business Process*) OR (Business Process* execut* OR Process* execut*) OR (cross-or-gani*ational OR inter-organi*ational) OR (Business Process Management System* OR BPMS)) AND ((Blockchain OR Distributed Ledger OR DLT) OR (Ethereum OR Smart Contracts))
IEEE Xplore Digital Library		77		(Business Process Management OR BPM) AND ((Business Process) OR (Business Process execut* OR Process* execut*) OR (cross-or-gani*ational OR inter-organi*ational) OR (Business Process Management System OR BPMS)) AND ((Blockchain OR Distributed Ledger OR DLT) OR (Ethereum OR Smart Contracts))
Springer Link	91	175	(Geschäftsprozessmanagement) AND ((Geschäftsprozess ausführung OR Geschäftsprozess durchführung) AND ((Unternehmens-übergreifend) OR (zwischenbetrieblich)) AND (Business Process Management System)) AND (Blockchain OR Distributed Ledger) OR (Ethereum AND Smart Contracts)	Blockchain in Business Process Management AND Business Process Execution AND (Ethereum AND Smart Contract) AND Business Process Management System
Summe	204	935	**Datum der Abfrage: 02.08.2019**	

Anlage 1: ganzheitliche Darstellung der Suchabfrage für die Datenbanken einschließlich Trefferergebnisse

Anlagen

Nr.:	Autor	Jahr	Titel	Journal	Daten-bank
1	Chen et al.	2017	A Blockchain-Based Supply Chain Quality Management Framework	The Fourteenth IEEE International Conference on e-Business Engineering (pp. 172–176)	IEEE
3	Di Ciccio et al.	2019	Blockchain Support for Collaborative Business Processes	Informatik-Spektrum, 42(3), 182–190	Springer Link
2	Di Ciccio et al.	2018	Blockchain-Based Traceability of Inter-organisational Business Processes	Business Modeling and Software Design - 8th International Symposium (pp. 56–68)	Springer Link
4	Dolgui et al.	2019	Blockchain-oriented dynamic modelling of smart contract design and execution in the supply chain	International Journal of Production Research	Web of Science
5	Egelund-Müller, Elsman, Henglein, &Ross	2017	Automated Execution of Financial Contracts on Blockchains	Business & Information Systems Engineering, 59(6), 457–467	Web of Science
6	Falazi, Hahn, Breitenbücher, & Leymann	2019	Modeling and execution of blockchain-aware business processes	SICS Software-Intensive Cyber-Physical Systems, 34, 105–116	Springer Link
7	García-Bañuelos, Ponomarev, Dumas, & Weber	2017	Optimized Execution of Business Processes on Blockchain	Business Process Management - 15th International Conference (pp. 130–146)	Springer Link
8	López-Pintado, García-Bañuelos, Dumas, Weber, & Ponomarev	2019	Caterpillar: A business process execution engine on the Ethereum blockchain	Software - Practice and Experience	Web of Science
9	Mendling	2018	Towards Blockchain Support for Business Processes	Business Modeling and Software Design - 8th International Symposium (pp. 243–248)	Springer Link
10	Mercenne, Brousmiche, & Hamida	2018	Blockchain Studio: A Role-Based Business Workflows Management System	2018 IEEE 9th Annual Information Technology, Electronics and Mobile Communication Conference, IEMCON 2018 (pp. 1215–1220)	IEEE

Nr.:	Autor	Jahr	Titel	Journal	Datenbank
11	Miloslavskaya	2018	Designing blockchain-based SIEM 3.0 system	Information & Computer Security, 302–316	Emerald
12	Nakamura, Miyamoto, & Kudo	2018	Inter-organizational Business Processes Managed by Blockchain	Web Information Systems Engineering – WISE 2018 (pp. 3–17)	Springer Link
13	Perboli, Musso, & Rosano	2018	Blockchain in Logistics and Supply Chain: A Lean Approach for Designing Real-World Use Cases.	IEEE Access, 6, 62018–62028	IEEE
14	Raikwar et al.	2018	A Blockchain Framework for Insurance Processes	9th IFIP International Conference on New Technologies, Mobility and Security (NTMS)	IEEE
16	Rimba et al.	2018	Quantifying the Cost of Distrust: Comparing Blockchain and Cloud Services for Business Process Execution	Information Systems Frontiers	Springer Link
15	Rimba et al.	2017	Comparing Blockchain and Cloud Services for Business Process Execution	IEEE International Conference on Software Architecture (pp. 257–260)	IEEE
17	Sturm, Szalanczi, Schönig, & Jablonski	2018	A Lean Architecture for Blockchain Based Decentralized Process Execution	Business Process Management Workshops - BPM 2018 International Workshops (pp. 361–373)	Springer Link
19	Tönnissen & Teuteberg	2019	Using Blockchain Technology for Cross-Organizational Process Mining – Concept and Case Study	Business Information Systems - 22nd International Conference (pp. 121–131)	Springer Link
18	Tönnissen & Teuteberg	2018	Using Blockchain Technology for Business Processes in Purchasing – Concept and Case Study-Based Evidence	Business Information Systems - 21st International Conference (pp. 253–264)	Springer Link
20	Wang, Han, & Beynon-Davies	2018	Understanding blockchain technology for future supply chains: a systematic literature review and research agenda	Supply Chain Management: An International Journal, 62–84	Emerald

Anlagen

Nr.:	Autor	Jahr	Titel	Journal	Datenbank
21	Weber et al.	2016	Untrusted Business Process Monitoring and Execution Using Blockchain	Business process management 14th International Conference Proceedings (pp. 329–347)	Springer Link
22	Yu et al.	2017	Smart-Contract Execution with Concurrent Block Building	IEEE Symposium on Service-Oriented System Engineering Smart-Contract, 160–167	IEEE

Anlage 2: Liste der erkannten Artikel, die sich auf das Forschungsgebiet beziehen

Nr.:	Autor	Jahr	Titel	Journal
1	Amaral de Sousa & Burnay	2019	Towards an integrated methodology for the development of blockchain-based solutions supporting cross-organizational processes	13th International Conference on Research Challenges in Information Science
2	Carminati, Rondanini, & Ferrari	2018a	Blockchain as a platform for secure inter-organizational business processes	4th IEEE International Conference on Collaboration and Internet Computing, CIC 2018 (pp. 122–129)
3	Carminati, Rondanini, & Ferrari	2018b	Confidential Business Process Execution on Blockchain	IEEE International Conference on Web Services (pp. 58–65)
4	Haarmann	2019	Estimating the duration of blockchain-based business processes using simulation	11th Central European Workshop on Services and their Composition (pp. 24–31)
5	Härer	2018	Decentralized Business Process Modeling and Instance Tracking Secured by a Blockchain	Twenty-Sixth European Conference on Information Systems (ECIS2018) (pp. 11–28)

Nr.:	Autor	Jahr	Titel	Journal
6	López-Pintado, García-Bañuelos, Dumas, & Weber	2019a	Dynamic Role Binding in Blockchain-Based Collaborative Business Processes	Advanced Information Systems Engineering - International Conference, CAiSE 2019 (Vol. 31, pp. 399–414)
7	López-Pintado, García-Bañuelos, Dumas, & Weber	2019b	Interpreted Execution of Business Process Models on Blockchain	
8	López-Pintado, García-Bañuelos, Dumas, & Weber	2017	Caterpillar: A blockchain-based business process management system	CEUR Workshop Proceedings, 1920, 1–5
9	Madsen et al.	2018	Collaboration among Adversaries: Distributed Workflow Execution on a Blockchain.	Symposium on Foundations and Applications of Blockchain (FAB '18)
10	Pourheidari, Rouhani, & Deters	2018	A Case Study of Execution of Untrusted Business Process on Permissioned Blockchain	IEEE International Conference on Internet of Things (IThings) and IEEE Green Computing and Communications (GreenCom) and IEEE Cyber, Physical and Social Computing (CPSCom) and IEEE Smart Data (SmartData), 1588–1594
11	Prybila, Schulte, Hochreiner, & Weber	2017	Runtime verification for business processes utilizing the Bitcoin blockchain	Future Generation Computer Systems
12	Silva, Guerreiro, & Sousa	2019	Decentralized Enforcement of Business Process Control Using Blockchain	Enterprise Engineering Working Conference 2018 (Vol. 334, pp. 66–87)
13	Sturm, Scalanczi, Schönig, & Jablonski	2019	A Blockchain-based and resource-aware process execution engine	Future Generation Computer Systems, 100, 19–34
14	Tran, Lu, & Weber	2018	Lorikeet: A Model-Driven Engineering Tool for Blockchain-Based	Proceedings of the Dissertation Award and Demonstration, Industrial Track at BPM 2018 (pp. 56–60)

Anlagen

Nr.:	Autor	Jahr	Titel	Journal
15	van Wingerde	2019	Towards inter-organizational business process governance through blockchain	Proceedings of the Dissertation Award, Doctoral Consortium, and Demonstration Track at BPM 2019 (pp. 85–90)

Anlage 3: Liste der Artikel, die durch eine Vor- & Rückwärtssuche identifiziert wurden

Nr.:	Konzepte / Autor	BPMN	API	BPEL	MDE	Ethereum	Hyperledger	Bitcoin	Solidity	Caterpillar	Lokriteet	Algorithmen	Latenz	Kosten	Skalierbarkeit	Durchsatz	Sicherheit	Use Case
1	Amaral de Sousa & Burnay (2019)				x													
2	Carminati, Ferrari, & Rondanini (2018a)			x													x	
3	Carminati, Ferrari, & Rondanini (2018b)			x													x	
4	Chen et al. (2017)					x												
5	Di Ciccio et al. (2018)	x							x	x		x						x
6	Di Ciccio et al. (2019)	x							x	x	x	x						x
7	Dolgui et al. (2019)						x					x	x	x				x
8	Egelund-Müller, Eisman, Henglein, & Ross (2017)					x			x			x						x

70

Anlagen

Nr.:	Konzepte / Autor	BPMN	API	BPEL	MDE	Ethereum	Hyperledger	Bitcoin	Solidity	Caterpillar	Lokriteet	Algorithmen	Latenz	Kosten	Skalierbar-keit	Durchsatz	Sicherheit	Use Case
9	Falazi, Hahn, Breitenbücher, & Leymann (2019)	x	x	x		x											x	x
10	Garcia-Bañuelos, Ponomarev, Dumas, & Weber (2017)	x				x			x			x		x	x	x		
11	Haarmann (2019)					x												
12	Härer (2018)	x				x		x					x					x
13	López-Pintado, Garcia-Bañuelos, Dumas, & Weber (2017)	x				x			x	x								x
14	López-Pintado, Garcia-Bañuelos, Dumas, & Weber (2019a)	x	x			x			x	x		x		x				x
15	López-Pintado, Garcia-Bañuelos, Dumas, & Weber (2019b)	x	x			x				x		x		x				x
16	López-Pintado, Garcia-Bañuelos, Dumas, Weber, & Ponomarev (2019)	x				x			x									
17	Madsen et al. (2018)					x			x			x	x	x				
18	Mendling (2018)	x							x	x		x	x			x	x	

Anlagen

Nr.:	Konzepte / Autor	BPMN	API	BPEL	MDE	Ethereum	Hyperledger	Bitcoin	Solidity	Caterpillar	Lokriteet	Algorithmen	Latenz	Kosten	Skalierbarkeit	Durchsatz	Sicherheit	Use Case
19	Mercenne, Brousmiche, & Hamida (2018)	x				x			x	x			x	x			x	x
20	Miloslavskaya (2018)		x										x	x				
21	Nakamura, Miyamoto, & Kudo (2018)	x					x					x	x		x	x		x
22	Perboli, Musso, & Rosano (2018)						x							x				x
23	Pourheidari, Rouhani, & Deters (2018)	x					x											x
24	Prybila, Schulte, Hochreiner, & Weber (2017)		x					x				x	x				x	x
25	Raikwar et al. (2018)						x						x					x
26	Rimba et al. (2017)					x			x					x	x	x		x
27	Rimba et al. (2018)					x	x							x	x	x		x
28	Silva, Guerreiro, & Sousa (2019)					x												x
29	Sturm, Szalanczi, Schönig, & Jablonski (2019)	x				x						x		x	x			
30	Sturm, Szalanczi, Schönig, & Jablonski (2018)	x				x			x			x		x	x		x	

Nr.:	Konzepte / Autor	BPMN	API	BPEL	MDE	Ethereum	Hyperledger	Bitcoin	Solidity	Caterpillar	Lokrieet	Algorithmen	Latenz	Kosten	Skalierbarkeit	Durchsatz	Sicherheit	Use Case
31	Tönnissen & Teuteberg (2018)														x			x
32	Tönnissen & Teuteberg (2019)														x		x	x
33	Tran, Lu, & Weber (2018)	x	x		x	x			x		x							x
34	van Wingerde (2019)																	x
35	Wang, Han, & Beynon-Davies (2018)																	
36	Weber et al. (2016)	x	x			x			x			x	x	x				x
37	Yu et al. (2017)					x						x	x					x

Anlage 4: Konzeptmatrix zum Thema Blockchain Technologie im Geschäftsprozessmanagement (in Anlehnung an: Webster & Watson, 2002, S. xvii)